GONGDIAN FUWU ZHIHUI YEWU
PEIXUN JIAOCAI

供电服务指挥业务培训教材

《供电服务指挥业务培训教材》编写组　编著

中国电力出版社
CHINA ELECTRIC POWER PRESS

内 容 提 要

本书系统介绍了供电服务指挥业务所涉及的营配调专业知识。全书共分 8 章，主要内容包括供电服务指挥平台基本概念和发展进程，配电网基础知识，配网调控、配网指挥、服务指挥三项基本业务，业扩全流程管控、配电运营管控、服务质量监督、运营决策分析等业务内容和流程，相关指标分析和支撑系统介绍以及供电服务指挥场所的建设和日常管理制度等。本书是供电服务指挥中心试点建设、日常运行、深化应用的经验积累和总结，实用性较强。

本书主要作为供电服务指挥业务从业人员岗位技能培训教材使用，也可作为供电服务指挥中心建设、管理、运行人员的参考书，还可作为电力行业配网规划、运行、调度以及客户服务管理的专业参考书。

图书在版编目（CIP）数据

供电服务指挥业务培训教材 /《供电服务指挥业务培训教材》编写组编著. —北京：中国电力出版社，2018.12（2019.3重印）
 ISBN 978-7-5198-2867-7

Ⅰ. ①供… Ⅱ. ①供… Ⅲ. ①供电–工业企业–商业服务–中国–业务培训–教材 Ⅳ. ①F426.61

中国版本图书馆 CIP 数据核字（2018）第 296767 号

出版发行：中国电力出版社
地　　址：北京市东城区北京站西街 19 号（邮政编码 100005）
网　　址：http://www.cepp.sgcc.com.cn
责任编辑：王晓蕾（010-63412610）
责任校对：黄　蓓　李　楠
装帧设计：王英磊
责任印制：杨晓东

印　　刷：北京天宇星印刷厂
版　　次：2018 年 12 月第一版
印　　次：2019 年 3 月北京第三次印刷
开　　本：787 毫米×1092 毫米　16 开本
印　　张：13.5
字　　数：254 千字
定　　价：56.00 元

版权专有　侵权必究

本书如有印装质量问题，我社营销中心负责退换

《供电服务指挥业务培训教材》编委会

主　　任　刘　勇

副 主 任　李科峰　赵　芳

委　　员　李　化　钟守熙　谭胜兰　唐广瑜　段登伟
　　　　　　陈　立　廖文礼　潘　翀　苏小平　傅其皓
　　　　　　唐隆森　赵　虹

编审组

主　　编　苏小平

主　　审　谭胜兰

参编人员　向婷婷　舒骁骁　邵　进　朱涤平　孔德国
　　　　　　李　霞　吴　月　侯蕙萍　沈培锋　郑　健
　　　　　　代丹丹　陈　强　刘　强　孙昕杰　曾海燕
　　　　　　曾　鹏　胡龙森　韦　翔　李　靖　朱丽嫚
　　　　　　邹云峰　王　禹　于　鹏　蒋　岚　云玉新
　　　　　　奚红娟　刘兴华　王　涛　李馨博　徐　倩
　　　　　　谢　波　李倩竹　庞　军　周　波　邹经鑫
　　　　　　石一辉　戚琳黉　卿　钰　殷　鸣　李　强

前言

创建供电服务指挥中心，建设集营配调资源调动和业务运转于一体的供电服务指挥平台，是国家电网公司在新时代下为有效解决供电服务面临的瓶颈，适应社会经济高质量发展所采取的重大举措。供电服务指挥中心作为国家电网公司"强前端，大后台"现代服务体系关键一环，承载着公司推进机制改革与业务创新，坚持以客户为中心，提升供电服务水平，服务人民美好生活的重要使命。

2017年，在国家电网公司统一部署下，27家省公司试点建立了49家供电服务指挥平台。2018年6月，为进一步落实两会精神，国家电网公司做出了在全国范围所有地市公司全面建设供电服务指挥中心的部署。供电服务指挥中心业务覆盖运检、营销、调度等多个专业，对业务人员的综合素质提出了较高的要求。如何快速培育"一专多能"复合型人才，促进从业人员快速适应岗位需要，是当前亟待解决的问题。基于此，编写组以供电服务指挥从业人员应知会知的知识为重点，以快速、全面提升员工队伍素质为目的编写了本书。

本书内容涵盖了供电服务指挥业务所涉及的营配调专业知识。第一章介绍了供电服务指挥平台的基本概念和发展进程；第二章介绍了相关配电网基础知识；第三~五章分别介绍了配电网业务协同指挥、配网运营管控、客户服务指挥等内容，最后均列举了与此章节内容相关的典型案例；第六章介绍了供电服务指挥业务评价考核体系；第七章介绍了业务技术支持系统；第八章主要介绍供电服务指挥中心日常管理。本书内容丰富，紧扣工作实际，可作为供电服务指挥从业人员的岗位技能培训教材，亦可作为电力相关业务参考工具书。

本书由国网成都供电公司组织编写,在编写过程中得到了国家电网公司设备部的指导,得到了国网四川省电力公司运检部、调控中心、营销部的大力帮扶和支持,也得到了国网冀北电力有限公司、山东省电力公司、江西省客户服务中心,国网南京、武汉、沈阳、乌鲁木齐供电公司的帮助和支持,在此一并谨表谢意。

由于编写时间仓促,本书难免存在疏漏之处,恳请各位专家和读者批评指正,并提出宝贵意见,使之不断完善。

编 者

2018 年 12 月

目 录

前言

第一章 概述 ·· 1
第一节 供电服务指挥平台的发展进程 ······································· 3
第二节 供电服务指挥平台的意义与定位 ···································· 7
第三节 供电服务指挥平台的职能介绍 ······································ 10
思考与练习 ·· 16

第二章 配电网基础知识 ··· 17
第一节 配电网结构 ·· 19
第二节 配电网设备 ·· 23
第三节 继电保护 ··· 36
第四节 配电自动化 ·· 39
第五节 配电网常用调度术语 ·· 42
思考与练习 ·· 44

第三章 配电网业务协同指挥 ·· 45
第一节 95598 抢修指挥 ·· 47
第二节 市政平台业务 ··· 65
第三节 停送电信息发布 ·· 72
第四节 应急指挥 ··· 84

第五节　典型案例 ·· 90
思考与练习 ··· 95

第四章　配电运营管控 ·· 97

第一节　主动抢修业务 ··· 99
第二节　主动预警业务 ·· 105
第三节　配电网运营管理分析 ·· 109
第四节　典型案例 ·· 113
思考与练习 ·· 113

第五章　客户服务指挥 ··· 115

第一节　非抢修业务 ··· 117
第二节　业扩全流程监视督办 ·· 128
第三节　服务信息统一发布 ··· 140
第四节　95598 知识库维护 ·· 141
第五节　重要服务事项报备 ··· 144
第六节　典型案例 ·· 150
思考与练习 ·· 153

第六章　供电服务指挥评价考核 ··· 155

第一节　供电服务指挥业务评价指标 ·· 157
第二节　供电服务关键指标分析 ·· 162
第三节　异常指标申诉要求 ··· 163
第四节　供电服务指挥业务考核管理 ·· 168
第五节　典型案例 ·· 169
思考与练习 ·· 172

第七章　供电服务指挥技术支撑系统 ··· 173

第一节　智能化供电服务指挥系统简介 ··· 175
第二节　供电服务指挥系统支持手段 ·· 178
思考与练习 ·· 188

第八章 供电服务指挥日常管理 …… 189

第一节 排班管理 …… 191
第二节 交接班管理 …… 192
第三节 班组建设管理 …… 194
第四节 例会制度 …… 194
第五节 培训管理 …… 196
第六节 创新管理 …… 197
第七节 党、团支部管理 …… 197
第八节 迎接调研检查工作 …… 199
第九节 大厅建设 …… 200

参考文献 …… 206

第一章
概　述

电力是经济发展的血液,是促进人民安居乐业和社会和谐的重要保障力量。

——习近平

《东方早报》

第一节 供电服务指挥平台的发展进程

> 【小节描述】
> 本小节介绍了供电服务指挥平台的基本概念和供电服务指挥平台的发展进程。通过概念描述，整体掌握供电服务指挥平台的立根之本及发展展望。

可靠的电力供应和优质的电力服务是推动经济社会发展、实现人民对美好生活向往的重要保障，是供电企业在竞争日趋激烈的电力市场中的核心竞争力。当前，我国配电网供电可靠性与发达国家之间还存在较大差异，随着人民生活水平的提高，用户需求的智能化、多样化、个性化供电服务对配电网提出了更高的要求。面对能源革命和电网经营模式的深刻变革、市场选择的决定性作用和服务能力的关键作用日益凸显的新形势、新要求，国家电网公司提出要加快构建以客户为中心的现代服务体系。而供电服务指挥平台是构建现代服务体系中的重要环节，是聚焦在需求侧的集配网调度、配网指挥、服务调度于一体的综合调控平台，围绕与用户密切相关的办电、用电、服务等环节，整合公司内部服务资源，以客户为中心，以可靠供电为主线，实现工作过程中"指挥、协调、监测、分析"一体化运作，全面提升供电质量和供电服务水平，助力"获得电力"指数提升。2018年10月，《2019年营商环境报告：强化培训，促进改革》报告显示：中国"获得电力"指标排名由去年的第98位跃升至第14位，"获得电力"排名和得分提升速度，在营商环境评价体系的全部十个指标中均位居第一。

一、供电服务指挥平台介绍

供电服务指挥平台是以客户为中心，以提升供电可靠性为主线，以提高效率效益和服务水平为目标的集营配调资源调动和业务运转与一体的平台，其建设的核心目标是提高对外服务响应效率，主要任务是组建专业协同、业务融合的供电服务指挥机构；建设信息集成、数据共享的智能化供电服务指挥系统，推进营配调融合，全面提升公司服务资源统筹、服务事件预警、服务快速响应、服务质量管控等方面能力，全力优化营商环境。

供电服务指挥平台是国家电网公司创新之举，是"强前端、大后台"服务新体系的重要支撑平台，其集成了营销、运检、调度各业务系统，以"线、变、表计"为核心，横向实现各业务系统的相关数据全面集成，纵向实现供电设备与营销用户的上下贯通，从而建立营配调数据共享平台，从根本上解决了营配调信息集成的问题，从而实现客户多样化供电服务需求，提升供电服务水平，满足人民日益美好的生活需求。

二、供电服务指挥平台的发展历程

随着社会经济转型升级、电力体制改革的不断深入，市场竞争态势日趋激烈，客户需求趋于多样化、个性化。面对新形势，国家电网公司现有服务模式中营配调专业协同不够、服务融合不深、创新机制滞后等问题逐渐暴露出来，对"互联网+营销服务"、用电信息采集、主动抢修服务等新型服务模式的推广，特别是在直接面向市场和客户的服务前端暴露出的客户诉求多头受理、响应慢、协调难等现象，一定程度上影响了国家电网公司形象和营销服务水平的进一步提升。

为有效解决供电服务面临的瓶颈问题，2016年国家电网公司第47次党组会提出了建设供电服务指挥平台的构想。国家电网公司在2017年初公司"两会"和二季度会上先后做出了建设供电服务指挥平台的工作部署，强调要"建立以客户为中心的服务机制，提高快速响应客户需求能力。研究整合配网运行协调、设备抢修、95598工单接派、服务值班等力量，试点建立集营配调资源调动和业务运转于一体的供电服务指挥平台。"随后，在国家电网公司的统一部署和统一要求下，公司经营范围内27家省公司的49家供电服务指挥平台试点地市单位，认真组织开展机构组建、职责界面梳理、系统建设等工作，平台试点建设工作积极推进。

2017年底，党的十九大报告指出"我国经济已由高速增长阶段转向高质量发展阶段，我国社会主要矛盾已转化为人民日益增长的美好生活需要和不平衡不充分的发展之间的矛盾"等重大政治论断，为电力行业指明了相当长时期的攻坚方向。在新时代、新发展、新要求下，国家电网公司作为关系国家能源安全和国民经济命脉的国有重点骨干企业，在党和国家事业发展中肩负着推进机制改革与业务创新，更好地服务人民美好生活的重要责任和使命。为进一步落实两会精神，国家电网公司于2018年6月做出了在全国范围各地市公司全面组建供电服务指挥实体运作机构，即建设供电服务指挥中心（配网调控中心）的工作部署。供电服务指挥平台发展历程如图1-1所示。

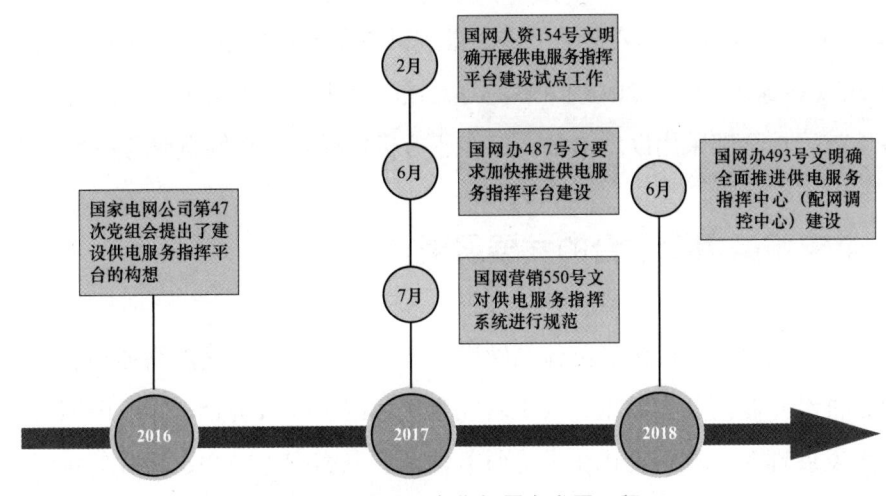

图 1-1 供电服务指挥平台发展历程

三、供电服务指挥平台的组织模式

供电服务指挥平台在试点期间主要有以下三种组织模式。

1. 矩阵式组织

这种组织形态，借鉴我国军队指挥体系改革遵循的"军委管总、军种主建、战区主战"的思路，横向协同与纵向管控均能有效实施。负责人可由运检部、营销部、调控中心负责人轮值担任，或由一名副总工程师兼任。工作人员由运检、营销、调控等专业相关班组派驻。此种模式应重点解决团队激励与考核、员工职业生涯发展等问题，提高供电服务指挥平台整体运行效率。此前江苏省南京市、四川省德阳市等地市采用此种模式进行试点。

2. 新设立实体机构

新设立实体化的供电服务指挥平台，将运检、营销、调控等部门相关的职能和人员划入。此模式按照直线职能制进行管理，必须细化梳理与运检部、营销部、调控中心等部门形成的工作界面，优化职责分工，加强协同配合，避免形成新的部门壁垒，防止专业能力弱化、人员补充困难和职业发展瓶颈等问题产生。此前浙江省宁波市、绍兴市等地市采用此种模式进行试点。

3. 拓展现有机构职能

以四川省成都、绵阳等地市为代表，此种模式依托地市公司营配调等现有机构，将运检、营销、调控等部门的相关职能和人员划入，实现归口管理和统一指挥，并细化梳理相关部门的职责界面，防范专业工作失衡与弱化。

2018年6月,《国家电网公司关于全面推进供电服务指挥中心(配网调控中心)建设工作的通知》(国家电网办〔2018〕493号)发布,此后除个别地市公司因地制宜外,全国其余各地市公司全部采用以地市公司二级业务机构模式设立供电服务指挥中心。

四、供电服务指挥平台的发展展望

党的十九大对建设现代化经济体系做出重要部署,提出建设网络强国、数字中国、智慧社会,推动互联网、大数据、人工智能和实体经济深度融合。国家电网公司要始终贯彻十九大发展理念,建立现代化供电服务体系,以客户为中心,将服务意识贯穿于公司各项业务的始终,不断满足经济社会发展和人民生活对优质供电及服务的需求。未来,供电服务指挥平台要充分结合互联网、大数据、人工智能技术提升供电服务质量,增强客户的电力获得感;要充分发挥平台优势,注重复合型人才培养。

1."互联网+"背景下拓展新的服务渠道

在电力体制改革逐渐深入以及供电技术日益先进的情况下,供电服务需结合互联网才能紧跟上时代发展的步伐。在"互联网+"的平台基础上,电力从传统的实体供电营业厅向网上虚拟营业厅转变,从官方的服务热线向各种各样的手机 App、微信平台转变。目前供电企业已经建立了多种途径服务网络,满足了不同职业、年龄的电力客户在查缴电费、故障维修以及用电报装等方面的需求。随着近几年手机互联网技术的快速发展,除了电力企业自己开发的电力服务手机软件外,类似支付宝等手机 App 及微信公众号都加入了相应的电力服务特色应用,为用电客户提供更加便利的服务。

为在"互联网+"背景下拓展新的服务渠道,作为平台实体运作机构,供电服务指挥中心应做到以下几点:依托"互联网+"技术,不断深入探索客户需求热点,持续改进,拓展服务渠道,实现线上各类办电业务受理、现场服务预约,让用电客户随时随地都能进行相关的操作;通过互联网技术实时掌握现场实际情况,实现应急指挥全过程管理;通过微信微博等技术平台,持续丰富信息共享手段,通过短信平台,加强停电信息主动推送力度,实现与用户双向互动;通过拓展新的服务渠道不断提升服务管控能力、响应速度和处理效率。

2. 利用大数据共享优势,造就多样化服务

供电服务指挥平台作为贯穿营配调三个专业的中间平台,应充分利用自身的大数据优势,对掌握的数据进行深入挖掘,并用以开展相关工作:通过网络拓扑、电网运行状态和各业务数据,挖掘分析检修计划、分段开关安装等配电运营各方面、各业务、各环节的合理性，挖掘未按规定转供负荷、无票作业等运营中的不规范行为；根据气象预报，结合电网运行情况，利用大数据挖掘预警技术，实时发布预警信息；根据智能设备实时数据，对配电变压器、电缆头、分支箱、环网柜、开关等重要设备缺陷进行预警预测；通过海量历史数据，结合城市经济发展规划，实现配网重过载、季节性电压质量风险评估、预警，辅助各基层单位事前做好防范措施，降低电网风险；基于配网设备台账、运行状态及运行数据，挖掘问题设备、评估配网供电能力及运行水平、分析电网异常运行事件，派发主动检修工单；基于客户行为数据，预测用户习惯，为客户提供增值服务，针对不同企业，提升有针对性的优质服务；基于供电服务指挥中心的大数据挖掘工作实现配电网运行检修精益化、电网规划发展精准化、供电服务优质化。

3. 结合多专业融合需求，培养营配调复合型人才

按照国家电网公司的定位，供电服务指挥中心的业务范围覆盖营销、运检、调度等专业，多专业的需求对业务人员的综合素质提出了较高的要求。供电服务指挥中心要加强人员专业培训，通过设置综合性岗位和轮换交流等方式，创新人才培养模式，完善激励成长机制，有针对性地培养"一专多能"的复合型人才。在人才培养方面，供电服务指挥中心不应仅局限于中心既有的员工，而应将中心作为整个公司的复合型人才培养基地，在整个公司范围内挑选相关专业且有潜力的员工，以轮岗、培养锻炼等方式在中心就职，以中心多专业融合的业务需求，使这部分人员得到充分的培养。与此同时，不同专业的培养人员也强化了中心的专业力量，给中心带来了新的思路，提高了中心既有人员的专业水平。

第二节 供电服务指挥平台的意义与定位

> **【小节描述】**
> 本小节介绍了国家电网公司构建供电服务指挥平台的意义及功能定位。通过平台职责定位及重要性阐述，深化对供电服务指挥平台的认识。

一、供电服务指挥平台的意义

供电服务指挥平台，纵横向"双轨"贯穿公司生产运营与客户服务，是国家电网公司从全局视野开展的规划部署，是"以客户为中心、专业专注、不断完善"核心价值观的体现。供电服务指挥平台以推进营配调融合，全面提升公司供电服务能力和运营管理水平，解决服务群众"最后一公里"问题为目标，其在国家电网公司具有以下重要意义：

1. 优化服务体系，深化国家电网公司内部改革的重要体现

国家电网公司现代服务体系建设中的一项重要工作就是按照"人员集中、信息集成、管理集约"的思路，试点建设营销、运检、调度多专业协同的供电服务指挥平台，协同开展配网检修、事故抢修、客户服务等工作，提高公司资源统筹、事件预警、快速响应和服务管控能力。以"管理更集约、资源更统筹、服务更贴近"为原则，充分整合营配调服务资源，全面提升供电服务能力和配网运营水平，是新时代、新要求、新形式下推进国家电网公司机制改革与业务创新的重要举措。

2. 快速响应客户诉求，主动提升优质服务水平的重要举措

当前，公司服务模式存在营配调专业协同不足、业务融合不足、客户诉求响应慢等问题。建设供电服务指挥平台，实现客户诉求"一站式"管理，纵向管控与横向协同兼顾，有利于强化专业协同，压缩管理链条，提高服务管控能力、响应速度和处理效率，实现一口对外、分工协作、内转外不转。

3. 高效支撑配电运营管理和优质服务工作的重要载体

营配调信息共享不充分，限制了服务大数据价值的发掘利用，影响了故障研判效率、资源统一调配和服务前端有效融合。建设供电服务指挥平台，有利于推进专业系统信息共享、流程贯通，充分利用大数据技术，提升配电运营管理和供电服务质量，不断提高供电可靠性和电能质量，持续提升优质服务水平。

4. 促进效率效益提升，加快建设国际一流企业的重要手段

随着我国经济社会的发展、城镇化水平的提高和电力体制改革的推进，对配电网设备、网架、技术和管理以及服务快速响应提出了更高要求。建设供电服务指挥平台，有利于推动公司配电运营和服务管理与国际先进模式接轨，有效提升配电网运营效率效益、优质服务水平和企业核心竞争力。它的成立，为加快建设"一强三优"现代公司贡献力量，也必将助力国家电网公司建设成为具有卓越竞争力的世界一流能源互联网企业，实现营商环境优化和人民电业更好的服务人民美好生活的需求。

二、供电服务指挥平台的定位

供电服务指挥平台对外是以客户为导向的供电服务统一指挥机构；对内是以可靠供电为中心的配电运营协同指挥平台，有效整合营销、运检、调度等涉及供电服务的专业力量，在营销、运检、调控的专业指导下，负责开展统一指挥、协调督办、过程管控、监控预警、分析评价等工作，实行 7×24 小时全天候服务管控和服务响应，致力于进一步提升公司优质服务和运营管理水平。

供电服务指挥中心，作为供电服务指挥平台的实体化运作机构，是新时代下国家电网公司的改革创新举措，利用"大云物移智"新技术，促进管理提升。供电服务指挥中心是供电服务事件的处置指挥中心、服务风险的预警防控中心，服务问题的稽查督办中心，服务质量的分析评价中心，服务工作的考核通报中心，大数据的管理分析中心，运营管理的精准决策支撑中心。

已建成的南昌、成都供电服务指挥中心大厅分别如图 1-2 和图 1-3 所示。

图 1-2 南昌供电服务指挥中心大厅

图 1-3 成都供电服务指挥中心大厅

第三节 供电服务指挥平台的职能介绍

> 【小节描述】
> 本小节介绍了供电服务指挥平台的基本职能。通过国家电网公司对供电服务指挥系统基本功能的规范介绍和对目前已明确的职能介绍，帮助读者整体把握供电服务指挥平台的具体职能和当前的主要职责。

一、供电服务指挥系统基本功能

2017 年 7 月，国家电网公司发布了《国家电网公司关于印发供电服务指挥系统基本功能规范的通知》（国家电网营销〔2017〕550 号），通知规范了供电服务指挥系统的基本功能，其功能架构如图 1—4 所示。

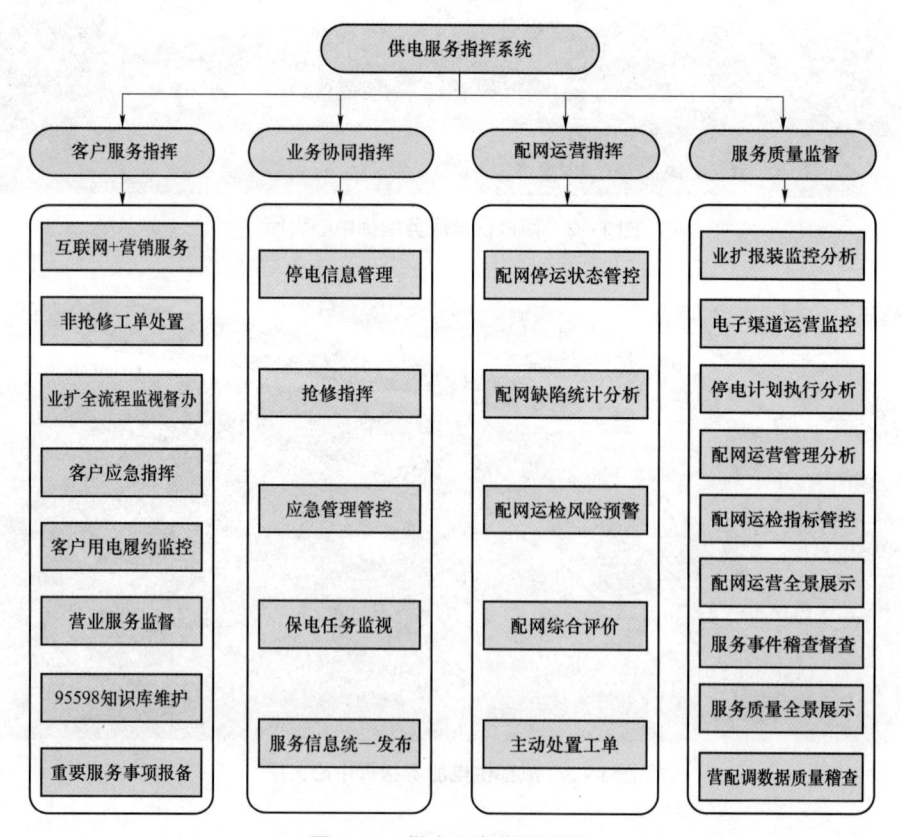

图 1—4 供电服务指挥系统

供电服务指挥系统的基本功能包括客户服务指挥、业务协调指挥、配电运营管控、服务质量监督 4 大模块，27 个基本功能，涵盖了客户诉求的汇集和督办、配电运营协同指挥、供电服务质量监督与管控等具体职能，各模块主要功能如下：

1. 客户服务指挥

实现线上业务受理、现场服务预约、现场服务管控、服务跟踪回访、95598 电话、行政值班等非抢工单的转派、合并处理、过程督办、闭环管控；业扩全流程协同流转预警；欠费停复电、超容用电督办；营业厅音视频监视、95598 知识信息维护、重要服务事项、重大服务事件的报备。

2. 配电运营管控、业务协同指挥

实现配电变压器及以下设备低电压、重过载等运行工况的实时监测和缺陷管控，实现状态评价和风险评估，形成预警事件或主动检（抢）修工单；实现对国网客户服务中心派发的 95598 故障报修工单，进行分析研判、派单指挥、回复审核、跟踪督办；主动研判故障类别、位置和影响范围，派发抢修工单；实现停送电信息编译、停电范围分析到户、主动向客户推送故障停送电信息；实现对外服务停电、不停电检修和运维计划的执行管控。

3. 服务质量监督

实现业扩全流程线上协同流转环节的实时监控预警、协调催办、资源调度；实现营业厅、业扩报装、故障抢修、供电可靠性、电压质量等涉及服务质量的稽查监督；实现服务事件全过程管控的质量评估和穿透调查分析，实现服务大数据分析，发布服务质量分析报告。

二、供电服务指挥中心主要职能

2018 年 6 月，国家电网公司发布了《国家电网公司关于全面推进供电服务指挥中心（配网调控中心）建设工作的通知》（国家电网办〔2018〕493 号），明确了供电服务指挥中心的主要职责如下：

1. 配网调度管控

（1）配网调控运行。负责配网调控运行，直接调度管辖城区 10~35kV 配网；负责管辖范围内配网运行信号监视、设备遥控、电压调整和异常、故障处置；参与新（扩、改）建站所及设备的保护传动、遥控对点工作。

（2）配网倒闸操作。负责调度管辖范围内设备的倒闸操作，提前调整运行方式，落实风险防控措施，下达倒闸操作指令，办理计划停送电、临时停送电工作调度开竣工手续。

（3）停送电信息报送管理。负责研判停电影响范围，形成停电影响用户清单，并报送至国网客服中心；负责对影响户数较多、未按时送电的停电信息进行预警督办；负责开展重复停电和停电计划执行情况分析并进行预警督办。

（4）配网抢修指挥。负责接收国网客户服务中心、12398电力监管热线、12345市民服务热线等内外部多种渠道派发的抢修类工单，对抢修类工单进行分析研判、派单指挥、回复审核、跟踪督办。

2. 配电运营管控

（1）配网设备监测。实时监测设备重过载、电压异常、三相不平衡等数据，对配网一、二次设备运行情况和配网停运状态进行监控，将相关运行情况数据进行汇总、分析，形成预警工单或主动检（抢）修工单。

（2）配电运维和检修计划执行管控。对各类设备运维巡视、检修处（消）缺等计划执行情况进行管控，跟踪分析业务全过程，对于临、超期等情况及时预警和督办。

（3）配网运营管理分析。针对配网运维检修工作的进展、重要节点、关键环节进行多维度管控，跟踪分析业务全过程，结合区域环境、配网设备状态、配网运维定员数量等因素，分析与评价运检作业工时、成本、成效，辅助提升配网运维管理效益。负责管辖范围内电网资源可开放容量的分析计算，组织建立电网资源负面清单，督导开展电网受限项目改造。

（4）配网运维指标管控。开展配网设备、工程项目等关键运行指标的跟踪管控，重点管控电压合格率、线损率、工程项目关闭率、资金结算率等设备运行、工程项目的指标情况，针对配网各类运行指标异动情况进行预警和督办，实现设备运行、工程实施关键指标的全过程管控。

（5）运行环境风险评估和预警。支撑专业部门根据配网历史运行数据，结合季节、气象情况，应用大数据分析技术，对配电设备现场风险（低洼、防汛滞洪、雷区、污区、鸟害、鱼池、重要交跨、山火、线下违章、外力隐患点、树害等）进行评估，发布相关的评估报告及预警，开展差异化运维工作。

（6）运行设备风险评估和预警。根据配网设备负荷、电能质量等运行情况，结合设备巡视检修、缺陷隐患及家族性缺陷等，对设备运行风险进行大数据、多维度分析及预警。

3. 客户服务指挥

（1）非抢工单处置。统一接收国网客服中心、12398监管热线、当地媒体、政府部门、社会联动或上级部门等全渠道客户非抢修类诉求信息，处理业务咨询、信息查询、服务投诉等客户服务事件。在业务管理考核规定时限内向相关责任部门和责任人派发处理工单。针对社会舆情强烈关注、人身安全及重要用户用电体验受到严重影响等需服务升级、应急处理的工单，通过短信或工单等方式报送给相应的管理人员。全过程监控工单的处理进度和质量，对临、超期的工单进行多级预警、督办，负责审核、评价责任部门工单回复内容的合理性、准确性，对不符合要求的将退回重新办理。

（2）"互联网+"线上业务办理。对接营销业务应用系统，接收客户在电力App、95598智能互动网站等电子渠道提交的各类办电申请信息，为企业和个人客户提供业扩报装及使用过程中业务变更服务［包括个人新装、个人增容、小区新户通电、企业新装、企业增容、个人峰谷电、个人过户/更名、个人电能表校验、暂停/减容、容量恢复、调整需量值、基本电价计费方式变更、增值税信息变更、个人充电桩报装、分布式光伏报装、一户多人口申请、企业过户/更名、集团户管理、智能扫码用电、紧急充值复电（部分卡表单位适用）］，对线上办电申请信息的完整性、准确性、属实性进行审核，按营业受理规范发起营销系统流程，通过优化线上提交需求申请、缺件告知补录、自助预约服务等方式，监控电力App、95598智能互动网站等线上办电渠道的业务受理与办理情况，内部多部门协同环节和移动作业应用情况，实现线上实时流转，减少客户临柜次数，实现业务办理"最多跑一次"。

（3）现场服务预约。负责与客户预约现场服务时间，根据客户申请要求及班组工作承载力，分配工单到相应现场服务班组。通过手机消息推送、短信告知、移动作业终端等形式将预约时间、现场工作等信息发送给客户及相应现场服务人员，跟踪现场服务班组及人员的达到及工作完成时间，跟踪服务的响应速度、服务态度、服务质量，在服务结束后向客户进行服务结果的告知确认，对存在的问题开展内部的协调处置。

（4）业扩全流程实时管控。负责依托业扩全流程实时管控平台进行电网资源信息公开、供电方案备案会签、接入电网受限整改、电网配套工程建设、停（送）电计划安排等线上协同流转环节的实时预警、协调催办；负责监控高压新装与增容平均办电时间，以及供电方案答复、设计文件审核、中间检查、竣工检验、装表接电环节的时长；负责监控结存情况、永久减容销户情况和变化趋势，暂停及暂停恢复的用户及容量构成情况和变化趋势；负责监控高压业扩时间异常情况；负责分析新装、增容、减容、暂停等业务的客户满意度、不满意原因、定位影响客户体验的主要问题；负责分析高压新装、增容业务整体平均时长变化趋势，内部协同情况，配套工程执行进度，评价业务成效，挖掘影响工作效率的主要环节和因素；负责分析高压新装、增容和减容销户情况，掌握新装增容、减容销户的用户及容量构成情况和变化趋势。

（5）客户用电履约监控。接收营销业务信息系统推送的用电客户欠费停电流程信息、欠费复电流程信息，审核催费、复电过程是否符合标准，对流程不规范、复电不成功等异常流程发起督催办工单。

（6）95598 知识库维护。负责组织与供电服务指挥中心相关的 95598 知识库知识点补充或更新的采集、审核，并提交上级客服中心。

（7）重要服务事项报备。按照《国网营销部关于 95598 重要服务事项报备管理的规定》要求完成重要服务事项的录入、审核、发布及分级、分类统计汇总。

（8）服务信息统一发布。对外主要实现停送电信息、服务进度节点、量价费关键信息发布，对内实现重要服务事件报备、重要工单时限预警、重要流程环节督办、业扩受限清单、供电服务质量等信息发布。公开电网资源可开放容量信息和业扩流程进展信息，实现 10kV 供电方案辅助设计和低压供电方案生成，实现业扩提质提速。

4. 服务质量监督

（1）服务事件稽查监督。全面监控供电服务核心业务、关键指标、重要数据，包括全过程工作质量、规范执行、协同处理、服务质量、数据质量及数据安全稽查与监控。负责供电服务、业务办理、95598 工单处理、指标数据和客户满意度等管控，定期形成供电优质服务分析月报。对明察暗访发现的典型问题、全渠道业务异常数据、业务处理出现的典型差错及其他需要督办的事项，形成供电服务质量督办单，下发至责任单位，督办整改措施及问题销号。

（2）供电服务关键指标分析。分析客户投诉率、客户满意度、"互联网+"线上业务受理率、业扩服务时限达标率、95598 工单处理及时率、平均抢修时长、巡视计划执行率、配电缺陷消除及时率等供电服务关键指标，跟踪指标的走势，验证业务开展成效，辅助发现弱项指标，并对指标异常情况进行预警和分析，实现各类指标全过程管控。

5. 营配调技术支持

（1）配电自动化主站系统运维。负责配电自动化主站系统日常运行维护工作，配合开展设备新投异动和配网专题图管控，开展配电自动化系统运行指标统计、分析和发布，配合相关职能部门开展配电自动化主站系统应用需求收集和培训宣贯工作。

（2）供电服务指挥系统应用推广。配合上级单位开展供电服务指挥系统的现场建设部署和日常运维工作，收集汇总系统应用问题和深化拓展需求，配合开展系统培训和现场指导。

（3）营配调数据质量稽查及管控。针对营配调基础数据质量，监测配网调度控制、停电分析到户、故障主动研判及服务指挥过程中发现的设备台账错误、拓扑关系错误、设备参数错误、采集数据错误等情况，接受国网客服中心派发营配基础数据校核工单，发送稽查工单至相关部门、班组进行闭环处理与整改督办。建立营配调基础数据质量验证机制，持续改善营配调基础数据质量。

（4）服务大数据发布。基于配电自动化主站系统、PMS2.0、供电服务指挥系统、用电信息采集系统、营销业务应用系统等供电服务指挥相关系统的数据贯通和信息共享，充分利用云平台、人工智能等先进技术手段开展服务大数据挖掘、发布分析报告，精准指导提升供电服务水平和能力。

三、主要职能流程

目前机构已明确承担的主要职能流程如下：

1. 故障抢修工单处置流程

供电服务指挥中心接收国网客服中心、政府热线、行政值班、网络舆情等抢修工单，分析研判后进行工单派发，指挥故障隔离，统筹调配抢修资源实施故障处置，并对抢修过程督办，直至工单闭环。

2. 非故障抢修类工单处置流程

供电服务指挥中心接收国网客服中心、政府热线、行政值班、网络舆情等非抢修类（如投诉、咨询类）工单，派发至处置部门（班组），对工单处置过程进行督办，直至工单闭环。

3. 配电设备故障监控流程

供电服务指挥中心对配电设备（含配电自动化）进行实时监测，发现线路跳闸、配电变压器失电、设备故障等停电事件，派发抢修工单至处置部门（班组），闭环督办工单处理结果。

4. 配电设备异常管控流程

供电服务指挥中心对配电设备（含配电自动化）进行状态监测，发现重超载、低电压、三相不平衡等运行异常情况，派发主动抢修及预警工单至处置部门（班组），闭环督办工单处理结果。

5. 停电信息发布流程

供电服务指挥中心根据各部门报送及系统监测到的停电事件，开展停电信息编译，报送至国网客服中心并对外发布。

6. 业扩报装管控流程

营销部受理业扩工单后，供电服务指挥中心对业扩现场勘查、方案会审、工程验收、送电等关键流程进行监控，并根据处理进度对业扩关键节点时限协调督办。

7. "互联网+"线上业务管控流程

客户线上申请新装或过户等业务后，系统生成工单，由供电服务指挥中心完成资料预受理及审核后派发至部门（班组）办理，并跟踪工单处理进度、服务质量。

8. 计划停电执行管控流程

供电服务指挥中心实时监控停电过程，对于临超期等异常情况及时预警和督办，对计划执行情况进行管控，并开展业务全流程分析。

9. 投诉责任认定流程

根据工单是否为投诉工单，开展对投诉的认定流程任务，根据工单反馈信息，确认责任主体部门，并及时通报整改归档。

10. 配网调控业务流程

相关流程按照调度规程执行。

思考与练习

1. 简述建设供电服务指挥平台的目的和意义，以及供电服务指挥平台的职责。
2. 供电服务指挥系统有哪些具体职能？
3. 供电服务指挥中心目前有哪些主要业务？

第二章
配电网基础知识

要始终致力于打造以特高压为骨干网架的坚强智能电网，致力于一流现代化配电网建设，争当引领能源变革的先锋力量，推动再电气化、构建能源互联网，以清洁和绿色方式满足电力需求的基本使命。

——寇伟

《深化三项制度改革 激发企业活力》

配电网从输电网或地区发电厂接受电能,通过配电设施就地分配或按电压逐级分配给各类用户。配电网涉及高压配电线路和变电站、中压配电线路和配电变压器、低压配电线路、用户和分布式电源四个紧密关联的层次。本章重点针对中低压配电网基础知识展开深入的介绍。

目前我国中压配电网仍以 10kV 为主,部分地区存在 20kV,它是由中压配电线路和配电变电站组成的向用户提供电能的配电网,其功能是从电源侧(输电网或高压配电网)接受电能,向中压用户供电,或向用户用电小区负荷中心的配电变电站供电,再经过降压后向下一级低压配电网提供电源。中压配电网具有供电面广、容量大、配电点多等特点。

低压配电网电压等级为 380V/220V,它是由低压配电线路及其附属电气设备组成的向用户提供电能的配电网,其功能是以中压配电网的配电变压器为电源,将电能通过低压配电线路直接送给用户。低压配电网具有供电距离近、电源点多、供电容量不大、分布面广等特点,其供电方式和结构复杂,负荷峰谷差大,数据采集和处理难度大。

第一节 配电网结构

> 【小节描述】
>
> 本小节介绍了中压配电网、低压配电网的结构和特点。通过概念和基础知识点的描述,帮助供电服务指挥从业人员认识配电网。

一、中压配电网

我国中压架空配电网结构有辐射状和多分段适度联络结构,适合于人口密度低的农村地区;中压电缆配电网结构有单环网和双环网结构,适合于人口密度较高的城区。国外中压配电网结构如下:东京采用差异化配置多分段多联络接线方式,巴黎采用仿垂形接线方式,新加坡采用"花瓣式"环网闭环接线。

(一)国内配电网结构

中压配电网分为电缆线路网和架空线路网两种。中压配电网的供电半径应满足配电线路末端电压质量的要求,电压损失不宜超过 4%。原则上,10kV 配电网中心城区供电半径不超过 3km,一般城区不超过 5km,郊区不超过 8km。

1. 架空辐射状接线模式

辐射状结构，是指从高压变电站引出一路配电线路，辐射延伸，线路无其他可连接的电源（图2-1）。辐射状结构的优点是设施简单，运行维护方便，设备费用低，适用于低负荷密度地区和一般的照明、动力负荷供电；缺点是故障影响范围较大，供电可靠性低，不具备负荷转供能力。由于历史原因，我国早期多采取这种结构。

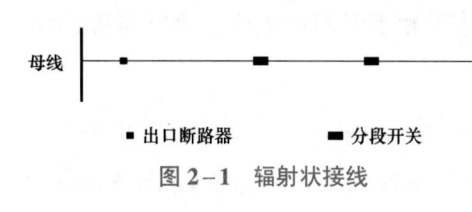

图2-1 辐射状接线

2. 架空多分段适度联络模式

多分段适度联络，是指接线模式下的任一条线路均按照辐射状结构来设置，通过分段开关分成若干段（一般分为2～3段），在某些段通过联络开关与其他线路实现联络，每条线路正常时按辐射运行，只有在特殊情况下才能短时进行合环运行（图2-2）。一旦某条线路出现故障，均不影响其他线路的正常运行，隔离故障段，通过联络开关转供，将缩小故障影响范围，提高供电可靠性。

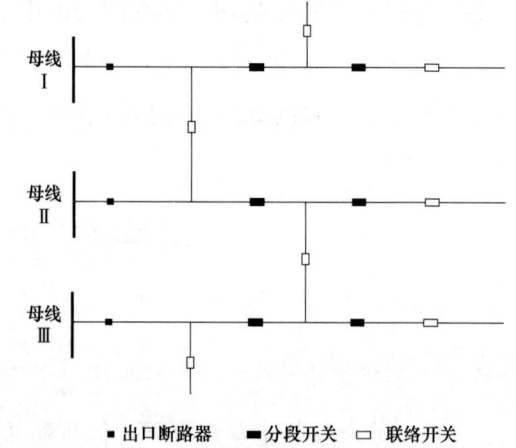

图2-2 多分段适度联络接线

若联络开关为一联络，即为手拉手结构。该种接线方式是当前最基本的接线模式，其结构简单清晰，运行灵活，可靠性较高，要求每条线路在正常运行下，最大负荷只能达到线路最大载流量的50%。

若联络开关为二联络，即为多分段两联络结构。该种接线可靠性更高，但投资较手拉手结构有所增加。正常运行下，每条线路最大负荷可提高到线路最大载流量的67%。

若联络开关为三联络，即为多分段三联络结构。该种接线可靠性最高，但投资也最高。正常运行下，每条线路最大负荷可提高至线路最大载流量的75%。

3. 电缆单环式结构

电缆单环式接线模式是电缆线路环网中最基本的形式，如图2-3所示。环网点一般为环网柜，接线形式与手拉手的架空线路相似，但可靠性较手拉手的架空线路有所提高，因为每一个环网点均有两个开关，可以隔离任何一个环网柜，将停电范围缩小在一个环网柜的范围内。该接线模式在正常运行时，其电源可以来自不同变电站或同一变电站的不同母线，任一回主干线路正常负载率不超过50%。

图 2-3 电缆单环式接线图

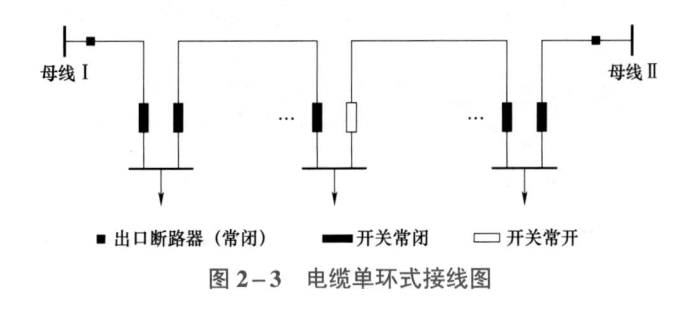

4. 电缆双环式结构

为进一步提高供电网络的完全可靠性,保证在一路电源失电的情况下用户能够从另外一路电源供电,可采用此种双环网的接线模式,如图 2-4 所示。这种接线模式类似于架空线路的多分段多联络的接线模式,实现一个用户的多路电源供电。

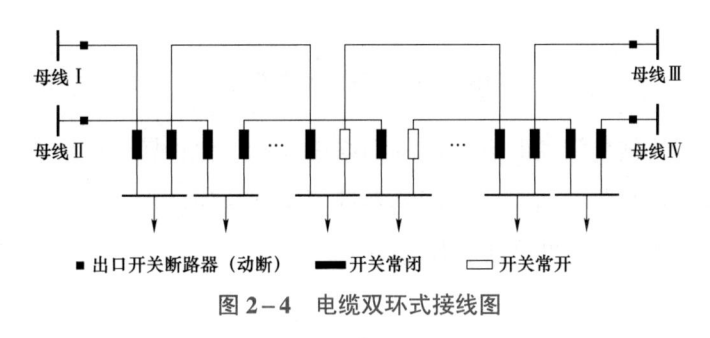

图 2-4 电缆双环式接线图

(二) 国外配电网结构

1. 东京城市配电网

东京中压配电网中 97% 为 6.6kV 不接地电网,3% 为 22kV 小电阻接地电网。6.6kV 架空网供电方式采用 3 分段 4 联络、6 分段 3 联络的方式;6.6kV 电缆网供电方式采用环网的方式。在城市负荷密度高的电缆网地区采用中压为 22kV 配电方式,接线方式由本线、备线方式和环状供电方式以及网状供电方式。

主要优点在于:由于多分段多联络的经济性好,所以整体的经济效益保持在一个很高的水平;通过提高设备的安全可靠性和配电自动化系统,极大地提升了配网的可靠性;配电变压器利用率高。

2. 新加坡城市配电网

在城市各分区内,变电站每两回 22kV 馈线构成环网,形成花瓣结构,称之为梅花状供电模式(图 2-5)。不同电源变电站的每两个环网中间又相互连接,组成花瓣式相切的结构,其网络接线实际上是由变电站间单联络和变电站内单联络组合而成。站间联络部分开环运行,站内联络部分闭环运行。两个环网之间的联络处为最重要的负荷所在。

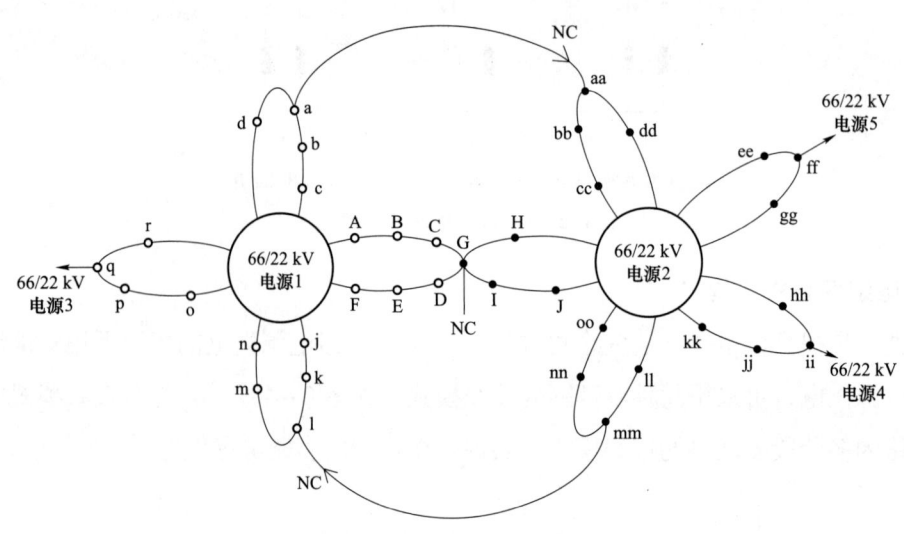

图 2-5 梅花状结构模式

优点在于:网架结构清晰明确,电网网络设计标准化;属于高压强、中压弱的纵向结构;任意线路出现故障,故障点两端的负荷可实现快速转供,供电可靠性高。缺点在于:线路利用率低,线路负荷率需控制在 50%以内,系统短路电流水平较高,二次保护配置比较复杂。

3. 巴黎城市配电网

巴黎城市配电网采用仿垂形接线模式,类似于手拉手单环网,两条线路的环网点开环运行,这种接线模式简洁实用(图 2-6)。仿垂形接线模式加强不同变电站线路的联络,在变电站故障检修停电的情况下,其所带的负荷可通过配电网转移。这种接线模式对配电网的配电自动化要求不高。

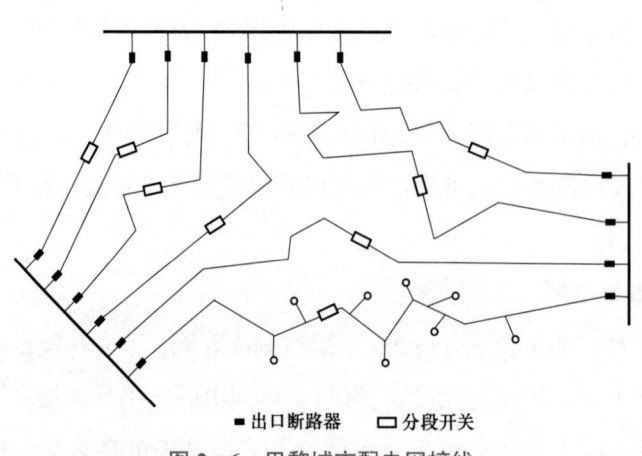

图 2-6 巴黎城市配电网接线

二、低压配电网

低压配电网由 380/220V 架空线路或电缆线路构成，实行分区供电，如图 2-7 所示。为适应新客户接入及新设备增加，通常采用放射式结构，直接给沿线用户供电。低压配电网的供电半径应满足配电线路末端电压质量的要求，低压配电线路电压损失不宜超过 6%。原则上，中心城区 380V 低压线路供电半径不超过 150m，一般城区不超过 250m，郊区不超过 400m。

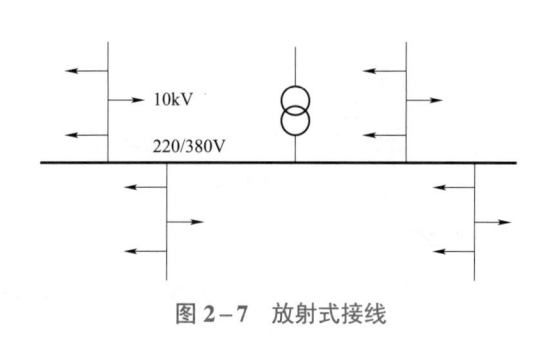

图 2-7 放射式接线

低压配电导体系统宜采用单相两线制、两相三线制、三相三线制、三相四线制，我国一般采用单相两线制和三相四线制。低压线路仅有 A、B、C 三相，只有三根相线为三相三线制，若含有中性线 N，即有一根零线，为三相四线制。单相接线用于单相负荷，只有一根相线和一根零线构成的电能输送形式。

第二节　配电网设备

> 【小节描述】
> 本小节从配电线路、开关类设备、配电变压器和计量装置四个方面介绍了配电网设备。通过对配电网设备的分类介绍，全面认识配电网各类设备，了解各类设备的作用和特点、使用优缺点等。

一、配电线路

配电线路分为配电网架空线路、配电网电缆线路和配电网架空电缆混合线路。在人口密度高的城郊地区，适合于采用架空和电缆混合方式。

（一）架空线路

配电网架空线路，如图 2-8 所示，主要由杆塔、导线、避雷线、绝缘子、金具、拉线和基础等组成。

1. 杆塔

杆塔是用于支撑架空线路导线，使导线与导线之间、导线与杆塔之间，导线对大地和交叉跨越物之间有足够的安全距离。杆塔按用途分为直线杆、转角杆、终端杆、耐张杆、分支杆等，按材质分为铁杆（塔）、钢筋混凝土杆和木杆。

图 2-8 架空线路

2. 导线

导线用以传导电流、输送电能，它通过绝缘子串悬挂在杆塔上。配电线路的导线包括常用裸导线和绝缘导线。

常用裸导线包括裸铝导线（LJ）、裸铜导线（TJ）、钢芯铝绞线（LGJ、LGJQ 和 LGJJ）、镀锌钢绞线、铝合金绞线（HLJ）5 种。中压架空线路宜采用铝绞线，主干线截面应为 150～240mm^2，考虑城市电力网的发展，分支线截面不宜小于 70mm^2。低压架空线路型号有 50、70、95 三种，最小截面不得低于 25mm^2。裸导线因没有绝缘外皮，导线直接暴露在大气环境中，易遭受腐蚀，而且在人口稠密区域使用易引发事故，逐渐被架空绝缘导线所取代。

架空绝缘导线（JKLGJ）适用于城市人口密集地区，线路走廊狭窄，架设裸导线线路与建筑物的间距不能满足安全要求的地区，以及风景绿化区、林带区和污秽严重的地区等。随着城市的发展，实施架空配电线路绝缘化是配电网发展的必然趋势。目前成都、上海等城市已基本实现绝缘化。

3. 横担

横担用于支持绝缘子、导线及柱上配电设备，保护导线间有足够的安全距离。因此，横担要有一定的强度和长度。横担按材质不同可分为铁横担、木横担和陶瓷横担三种。近年来又出现了玻璃纤维环氧树脂材料的绝缘横担，它是以玻璃纤维为基材，浸以环氧树脂经过磨具热固引拔成型的一种新型电力器材。

4. 常用金具、绝缘子

金具是指在架空配电线路中，用于连接、紧固导线的金属器具，具备导电、承载、固定的金属构件。金具按其性能和用途不同可分为悬吊金具（悬垂线夹）、耐张金具（耐张线夹）、接触金具（设备线夹）、连接金具、接续金具、拉线金具和防护金具等。

架空电力线路的导线，是利用绝缘子和金具连接固定在杆塔上的。用于导线与杆塔绝缘的绝缘子，在运行中不仅要承受工作电压的作用，还要受到过电压的作用，同时还要承受机械力的作用及气温变化和周围环境的影响,所以绝缘子必须有良好的绝缘性能和一定的机械强度。通常,绝缘子的表面被做成波纹形,设置的目的:一是可以增加绝缘子的泄漏距离(又称爬电距离),同时每个波纹又能起到阻断电弧的作用;二是当下雨时,从绝缘子上流下的污水不会直接从绝缘子上部流到下部,避免形成污水柱造成短路事故,起到阻断污水水流的作用;三是当空气中的污秽物质落到绝缘子上时,由于绝缘子波纹的凹凸不平,污秽物质将不能均匀地附在绝缘子上,在一定程度上提高了绝缘子的抗污能力。

绝缘子按照材质不同可分为瓷绝缘子、玻璃绝缘子和合成绝缘子三种。

5. 拉线

架空配电线路特别是农村低压配电线路为了平衡导线或风压对电杆的作用,通常采用拉线来加固电杆。拉线的设置是低压架空配电线路必不可少的一项安全措施。

根据配电线路设计的要求,架空配电线路中,为了使承受固定性不平衡荷载比较显著的电杆(如终端杆、转角杆、分支杆等)达到受力平衡的目的,均应装设拉线。同时,在土质松软的地区,为了避免线路受强大风力荷载破坏影响,增加电杆的稳定性,在线路的直线上一般每隔 5~10 根电杆需装设防风拉线。另外在城镇郊区的配电线路连续直线杆超过 10 基时,宜适当装设防风拉线。

(二)电缆线路

配电网电缆线路如图 2-9 所示,是城市配电网的重要组成部分,主要应用于依据城市规划,明确要求采用电缆线路且具备相应条件的地区;负荷密度高的市中心区、建筑面积较大的新建居民住宅小区及高层建筑小区;走廊狭窄,架空线路难以通过而不能满足供电需求的地区;易受热带风暴侵袭沿海地区主要城市的重要供电区域;电网结构或运行安全的特殊需要。

1. 电力电缆的基本结构

电力电缆是指外包绝缘的交合导线,有的还包金属外皮并加以接地。设置绝缘层的目的是因为三相交流输电必须保证三相送电导体相互间及对地间绝缘,因而必须有绝缘层。设置铠甲和护套的目的是为了防止外力损坏。设置屏蔽层是为了保护绝缘和防止高电场对外产生辐射干扰通信,在 6kV 及以上电缆导线外和绝缘层外还增加了屏蔽层。因此电力电缆的基本结构一般由导体、绝缘层、护层三部分组成,6kV 及以上电缆导体外和绝缘层外还增加了屏蔽层。

图 2-9 电缆结构图

（1）导体。导体（线芯）是电缆的导电部分，用来输送电能。应采用导电性能良好、机械性能良好、资源丰富的材料，以适宜制造和大量应用。大都采用高电导系数的金属铜或铝制造。

（2）绝缘层。电缆绝缘层具有承受电网电压的功能，将导体（线芯）与大地以及不同相的导体（线芯）间在电气上彼此隔离，从而保证电能输送。电缆运行时绝缘层应具有稳定的特性，较高的绝缘电阻、击穿强度、优良的耐树脂放电和局部放电性能。电缆绝缘有挤包绝缘、油纸绝缘、压力电缆绝缘三种。

（3）屏蔽层。屏蔽层是能够将电场控制在绝缘内部，同时能够使绝缘界面表面光滑，并借此消除界面空隙的导电层。电缆导体由多根导线绞合而成，它与绝缘层之间易形成气隙；而导体表面不光滑会造成电场集中。

内屏蔽层是在导体表面加的一层半导电材料的屏蔽层，它与被屏蔽的导体等电位，并与绝缘层良好接触，避免了在导体与绝缘层之间发生局部放电。

在绝缘表面和护套接触处，也可能存在间隙，在电缆弯曲时，油纸电缆绝缘表面易造成裂纹或皱折，这都是引起局部放电的因素。外屏蔽层设置是在绝缘层表面加一层半导电材料的屏蔽层，它与被屏蔽的绝缘层有良好接触，与金属护套等电位，可避免在绝缘层与护套之间发生局部放电。

（4）护层。电缆护层是覆盖在电缆绝缘层外面的保护层。典型的护层结构包括内护套和外护层。内护套贴紧绝缘层，是绝缘的直接保护层。包覆在内护套外面的是外护层。通常，外护层又由内衬层、铠装层和外被层组成。外护层的三个组成部分以同心圆形式层层相叠，成为一个整体。

护层的作用是保证电缆能够适应各种使用环境的要求，使电缆绝缘层在敷设和运行过程中免受机械或各种环境因素损坏，以长期保持稳定的电气性能。内护套的作用是阻止水分、潮气及其他有害物质侵入绝缘层，以确保绝缘层性能不变。内衬层的作用是保护内套不被铠装扎伤。铠装层使电缆具备必需的机械强度。外被层主要是用于保护铠装层或金属护套免受化学腐蚀及其他环境损害。

2. 电缆的敷设方式

目前，电缆的敷设方式主要有直埋敷设、排管敷设、电缆沟敷设、电缆隧道敷设四种。

（1）直埋敷设及其特点。将电缆敷设于地下壕沟中，沿沟底和电缆上覆盖有软土层或砂且设有保护板再埋齐地坪的敷设方式称为电缆直埋敷设。

直埋敷设适用于电缆数量较少、敷设距离短（不宜超过 50m）、地面荷载比较小、地下管网比较简单、不易经常开挖和没有腐蚀土壤的地段，不适用于城市核心区域及向重要用户供电的电缆。

电缆直埋敷设的优点：电缆敷设后本体与空气不接触，防火性能好，有利于电缆散热。此敷设方式容易实施，投资少。缺点：此敷设方式抗外力破坏能力差，电缆敷设后如进行电缆更换，则难度较大。

（2）排管敷设及其特点。随着城市的发展和工业的增长，电缆线路日益密集，采用直埋电缆敷设方式逐渐被排管敷设方式取代。将电缆敷设于预先建设好的地下排管中的安装方法，称为电缆排管敷设，如图2-10所示。

排管敷设一般适用于城市道路边人行道下、电缆与各种道路交叉处、广场区域及小区内电缆条数较多、敷设距离长等地段。

电缆排管敷设优点：受外力破坏影响少，占地小，能承受较大的荷重，电缆敷设无相互影响，电缆施工简单。缺点：土建成本高，不能直接转弯，散热条件差。

（3）电缆沟敷设及其特点。封闭式不通行、盖板与地面相齐或稍有上下、盖板可开启的电缆构筑物为电缆沟，将电缆敷设于预先建设好的电缆沟中的安装方式，称为电缆沟敷设，如图2-11所示。

图2-10 电缆排管敷设　　　图2-11 电缆沟敷设

电缆沟敷设方式与电缆排管、电缆工作井等敷设方式进行相互配合使用，适用于变电站出线、小区道路、电缆较多、道路弯曲或地坪高程变化较大的地段。

电缆沟敷设的优点：检修、更换电缆较方便，灵活多样，转弯方便，可根据地坪高程变化调整电缆敷设高程。其缺点：施工检查及更换电缆时须搬运大量盖板，施工时外物不慎落入沟时易将电缆碰伤。

（4）电缆隧道敷设及其特点。将电缆敷设于预先建设好的隧道中的安装方式，称为电缆隧道敷设。电缆隧道是指容纳电缆数量较多，有供安装和巡视的通道、全封闭的电缆构建物。

电缆隧道敷设的优点：维护、检修及更换电缆方便，能可靠地防止外力破坏，敷设时受外界条件影响小,能容纳大规模、多电压等级的电缆,寻找故障点、修复、恢复送电快。缺点:建设隧道工作量大、工程难度大、投资大、工期长、附属设施多。

二、配电网开关类设备

配电网开关类设备在配电网中起着分段和支线的作用,有利于提高供电可靠性。中低压配电网开关设备包括跌落式熔断器、柱上开关设备、环网柜、开闭所、配电室、低压电器等。

(一)跌落式熔断器

1. 跌落式熔断器的作用

10kV 跌落式熔断器,如图 2-12 所示,可装在杆上变压器高压侧、互感器和电容器与线路连接处,提供过载和短路保护,也可装在农村、山区的长线路末端或分支线线路上,对继电保护保护不到的范围提供保护。

跌落式熔断器结构简单、价格便宜、维护方便、体积小巧,在配电网中应用广泛。广泛使用的户外跌落式熔断器的型号有 RW7 型、RW11 型和 RW12 型三种。

2. 跌落式熔断器的结构

跌落式熔断器由上下导电部分、熔丝管、绝缘部分和固定部分组成。熔丝管包括熔管、熔丝、管帽、操作环、上下动触头、短轴。熔丝材料一般为铜银合金,熔点高,并具有一定的机械强度。

图 2-12 跌落式熔断器

安装熔丝、熔管时,用熔丝将熔管上的弹簧支架绷紧,将熔管推上,熔管在上静触头的压力下处于合闸位置。跌落式熔断器有良好的机械稳定性,一般的跌落式熔断器应能承受 200 次连续合分操作,负荷熔断器应能承受 300 次连续合分操作。

跌落式熔断器的动作原理:正常时,靠熔丝的张力使熔管上动触头与上静触头可靠接触,故障时,过电流使熔丝熔断,断口在熔管内产生电弧,熔管内衬的消弧管产气材料在电弧作用下产生高压力喷射气体,吹灭电弧。随后,弹簧支架迅速将熔丝从熔管内弹出,同时熔管在上、下弹性触头的推力和熔管自身重量的作用下迅速跌落,形成明显的隔离空间。在熔管的上端还有一个释放压力帽,放置有一点熔点熔片。当开断大电流时,上端帽的薄熔片融化形成双端排气;当开断小电流时,上端帽的薄熔片不动作,形成单端排气。

(二) 柱上配电开关

柱上配电开关安装在户外 10kV 架空线路上，按性能来区分为断路器、负荷开关、重合器、隔离开关等。

1. 柱上断路器

柱上断路器如图 2-13 所示。它能够关合、承载和开断正常回路条件下电流，并能关合、在规定时间内承载和开断异常回路条件（如短路）下的电流的机械开关设备。主要用于配电线路区间分段投切、控制、保护，能开断、关合短路电流。因此它不仅能安全地切合负载电流，更重要的是可靠和迅速地切除短路电流，并可配备含微机保护的控制器，可实现对分支线路的保护。

2. 重合器

重合器开关本体与断路器完全相同，区别在于

图 2-13 柱上断路器

控制器的功能上，断路器的控制器功能简单，仅具备控制和线路保护功能，其他功能靠 FTU 实现。而重合器的控制器除了具备断路器控制器的所有功能外，还具有 3 次以上的重合闸、多种特性曲线、相位判断、程序恢复、运行程序储存、自主判断、与自动化系统的连接等功能，但价格较高。

3. 负荷开关

柱上负荷开关能够在回路正常条件下（也可包括规定的过载条件）关合、承载和开断电流，以及在规定的回路异常条件（如短路）下，在规定的时间内承载电流的机械开关设备，其主要作为线路的分段。

负荷开关是介于断路器和隔离开关之间的一种开关电器，具有简单的灭弧装置，能切断额定负荷电流和一定的过载电流，但不能切断故障电流。负荷开关与断路器的主要区别在于其不能开断短路电流。将负荷开关与高压熔断器串联形成负荷开关和熔断器的组合电器，用负荷开关切断负荷电流，用熔断器切断短路电流及过载电流，在功率不大或不太重要的场所，可代替价格昂贵的断路器使用，可降低配电装置的成本，而且其操作和维护也较简单。采用真空和 SF_6 灭弧，其主要配备智能控制器可以实现配电网自动化。

4. 柱上隔离开关

在分闸位置时，触头间有符合规定要求的绝缘距离和明显的断开标志；在合闸位置时，能承载正常回路条件下电流和在规定时间内异常条件（例如短路）下电流的开关设备，称为隔离开关。

柱上隔离开关主要用于隔离电路，分闸状态有明显断口，便于线路检修、重构运行方式，有三极联动、单极操作两种形式。隔离开关能承载工作电流和短路电流，但不能分断负荷电流。

（三）环网柜

环网柜，如图 2-14 所示，安装在户外 10kV 电缆线路上，按使用场所可分为户内、户外环网柜。一般户内环网柜采用间隔式，称为环网柜；户外环网柜采用组合式，称为箱式开闭所或户外环网单元。

环网单元也称环网柜或开闭器，用于中压电缆线路分段、联络及分接负荷。设备选用气体绝缘环网柜（共箱式）和固体绝缘环网柜。适用于电缆走廊紧张区域公用配电站和小容量 10kV 供电客户的前置环网，以减少多回路放射电缆，节约路径资源和电缆工程投资；适宜地势狭小、选址困难区域。

图 2-14 环网柜

环网柜适用于接近负荷中心，利于用户接入，并充分考虑防潮、防洪、防污秽等要求的开关站或箱式开闭所内。

（四）开闭所

1. 开闭所的作用

10kV 开闭所又称开关站，如图 2-15 所示，是城市配电网的重要组成部分。它的主要作用是加强配电网的联络控制，提高配电网供电的灵活性和可靠性，是电缆线路的联络和支线节点，同时还具备变电站 10kV 母线的延伸作用。在不改变电压等级的情况下，对电能进行二

图 2-15 开闭所

次分配，为周围的用户提供供电电源。10kV 开闭所具有的这些作用，使得其在配电网中的应用越来越普遍。

在 10kV 配电网中，合理设置开闭所，可加强对配电网的联络控制，提供配电网运行方式的灵活性。特别是遇到线路、设备检修或发生故障时，开闭所运行方式和操作的灵活性优势就能体现出来，可通过一定的倒闸操作使停电范围缩到最小，甚至不停电。同时，开闭所一般都来自不同变电站或同一变电站不同 10kV 母线的两路或多路相互独立的可靠电源，能为用户提供双电源，以确保重要用户的可靠供电。因此，在重要用户附近或电网联络部位应设置开闭所，如政府机关、电信枢纽、重要大楼、重要宾馆等。

2. 开闭所的结构及典型接线

10kV 开闭所的结构按电气主接线方式可分为单母线接线、单母线分段联络接线和单母线分段不联络接线三种；按其在电网中的功能又可分为环网型开闭所和终端型开闭所两种。

（1）单母线接线。单母线接线方式一般有 1～2 路 10kV 电源进线间隔，若干路出线间隔。单母线接线方式按照功能不同可分为环网型和终端型两种方式，典型接线如图 2-16 所示。环网型单母线接线有两路 10kV 电源进线间隔，一进一出构成环网；终端型单母线接线只有一路 10kV 电源进线间隔。

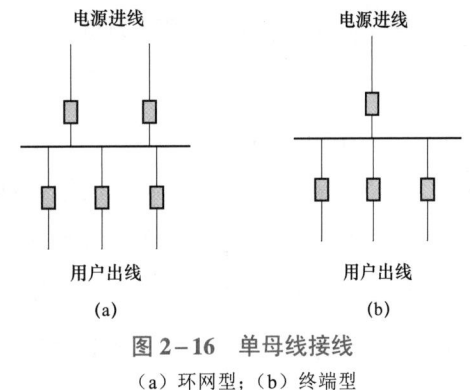

图 2-16 单母线接线
（a）环网型；(b) 终端型

电源进线间隔根据需要可选用断路器型开关柜或负荷开关型开关柜；用户出线柜根据需要可选用断路器型开关柜或负荷开关-熔断器组合型开关柜。

优点：接线简单清晰、规模小、投资省。

缺点：不够灵活可靠，母线或进线开关故障或检修时，均可能造成整个开闭所停电。

使用范围：一般适用于线路分段、环网，或为单电源用户设置。

（2）单母线分段联络接线。单母线分段接线方式一般有 2～4 路 10kV 电源进线间隔，若干路出线间隔，两段母线之间设有联络开关。单母线分段接线方式按照功能不同可分为环网型和终端型两种方式，接线图如图 2-17 所示。环网柜单母线分段接线有四路 10kV 电源进线间隔，每段母线有一进一出两回 10kV 电源间隔；终端型单母线分段接线一般每段母线只有一路 10kV 电源进线间隔。

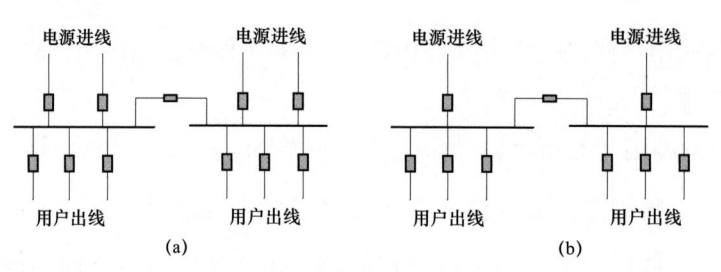

图 2-17 单母线分段联络接线
(a) 环网型；(b) 终端型

电源进线间隔根据需要可选用断路器型开关柜或负荷开关型开关柜；用户出线根据需要可选用断路器型开关柜或负荷开关-熔断器组合型开关柜。

优点：① 任一路电源检修或故障时，都不会对用户停电，运行方式灵活，供电可靠性高；② 在一个开闭所内可为重要用户提供双电源。

缺点：① 母线联络需占用两个间隔的位置，增加了开闭所的投资；② 在转移负荷时，系统运行方式变得相对复杂一些。

使用范围：一般适用于为重要用户提供双电源，为供电可靠性要求较高的用户提供电源。

（3）单母线分段不联络接线。单母线分段不联络接线方式一般有 2~4 路 10kV 电源进线间隔，若干路出线间隔，两端母线之间没有联系。单母线分段不联络接线方式按照功能不同可分为环网型和终端型两种方式，典型接线如图 2-18 所示。环网型单母线分段不联络接线，每段母线有一进一出两回 10kV 电源进线间隔；终端型单母线分段不联络接线，每段母线一般只有一路 10kV 电源进线间隔。

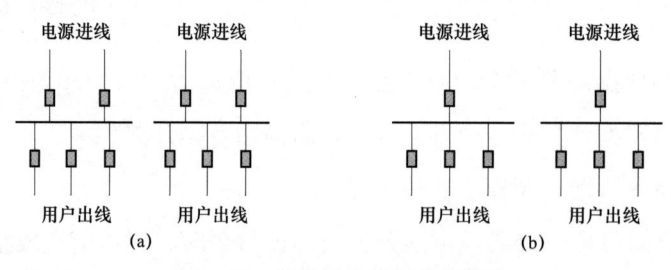

图 2-18 单母线分段不联络接线
(a) 环网型；(b) 终端型

电源进线间隔根据需要可选用断路器型开关柜或负荷开关型开关柜；用户出线柜根据需要可选用斯路器型开关柜或负荷开关-熔断器组合型开关柜。

优点：① 供电可靠性较高；② 在一个开闭所内可为重要用户提供双电源。

缺点：系统运行方式的灵活性不够。

适用范围：一般适用于为重要用户提供双电源、为供电可靠性要求较高的用户提供电源。

（五）配电室

配电室，如图 2-19 所示，主要为低压用户配送电能，设有中压进线（可有少量出线）、配电变压器和低压配电装置，带有低压负荷的户内配电场所。即配电室是最后一级变压场所，通常将电网电压从 10kV（20kV）降低到 400V，为了局部的电力供应，配电室可以分配电力资源的供应，含有变压器以及 400V 低压配电装置。

配电室可选用负荷开关-熔断器组合电器。配电室一般配置双路电源，10kV 侧一般采用环网开关，220/380V 侧为单母线分段接线。变压器接线组别一般采用 Dyn11。单台容量不宜超过 1000kVA 设计，建设初期按设计负荷选装变压器，低压为单母线分段，可装设低压母联断路器并装设自动无功补偿装置。在新建的住宅区内，应建设公用配电室。住宅小

图 2-19 配电室

区的建筑规划面积累计 10 000～20 000m² 应建座配电室，大型住宅小区应建设开闭所向若干个配电室供电。

配电室一般独立建设。受条件所限必须进楼时，可设置在地下一层，但不宜设置在最底层。其配电变压器宜选用干式，并采取屏蔽、减振、防潮措施。

（六）低压电器

低压电器可分为配电电器和控制电器两大类。

（1）配电电器。主要用于配电电路中，对电路及电气设备进行保护以及通断、转换电源或负荷的电器，如断路器、熔断器等。

（2）控制电器。主要用于控制受电设备，使其达到预期工作状态的电器，如按钮、接触器、继电器等。

常用低压电器包括低压断路器（图 2-20）、低压熔断器、低压刀开关、交流接触器、剩余电流动作保护装置。低压断路器是一种既可以接

图 2-20 低压空气断路器

通、分断电路，又能对负荷电路进行自动保护的低压电器，当负荷电路中发生短路、过载、电压过低（欠压）等故障时，能自动切断电路。

三、配电变压器

配电变压器是用于配电系统，将中压配电电压的功率变换成低压配电电压的功率，以供各种低压电气设备用电的电力变压器。配电变压器容量小，一般在 2500kVA 及以下，一次电压也较低，都在 110kV 及以下，配电变压器安装在电杆上、平台上、配电所内、箱式变压器内。配电变压器由铁芯、绕组、套管、调压装置等构成。

（一）杆上变压器

1. 杆上变压器的用途

杆上变压器，如图 2-21 所示，是指将变压器安装在杆上的构架上。杆上变压器安装的优点：占地少，四周不需设围墙或遮挡，带电部分距地面高，不易发生事故。缺点：台架用钢材较多，造价较高。

2. 杆上变压器的安装分类

（1）单杆式。单杆式配电变压器台又称"丁字台"，当配电变压器容量在 30kVA 及以下时，一般采用单杆配电变压器台架。将配电变压器、高压跌落式熔断器和高压避雷器装在一根水泥柱上，杆身应向组装配电变压器的反方向倾斜 13°～15°。

图 2-21 杆上变压器

优点：结构简单，安装方便，用料和占地都比较少。

（2）双杆式。双杆式配电变压器台又叫"H 台"，当配电变压器容量在 50～315kVA 时一般采用双杆式配电变压器台。配电变压器台由一主杆水泥杆和另一根副助杆组成，主杆上装有高压跌落式熔断器及高压引下线，副杆上有二次反引线。双杆配电变压器台比单杆配电变压器坚固。

（二）箱式变电站

箱式变电站，如图 2-22 所示，是指将高低

图 2-22 箱式变压器

压开关设备和变压器共同安装于一个封闭箱体内的户外配电装置。主要作用是为高压用户或低压用户提供所需电能，可分为拼装式、组合装置型、一体型。

（三）非晶合金变压器

非晶合金变压器采用 Dyn11 接线组别，最突出的特点是比硅钢片铁芯变压器的空载损耗和空载电流降低很多，它的空载损耗比传统的硅钢铁芯的变压器要降低 60%～80%，CO_2、SO_2 排放量大大减少，具有明显的节能和环保效果。

（四）干式变压器

干式配电变压器承受热冲击能力强、过负载能力大、难燃、防火性能高、对湿度、灰尘不敏感等优势，造就了其广泛的适应性，最适宜用于防火要求高，负荷波动大以及污秽潮湿的恶劣环境中。如机场、地铁、发电厂、冶金、医院、高层、购物中心、居民密集区、石化、核电、核潜艇等重要场所。

四、计量装置

（一）计量装置的作用

电能计量装置，如图 2-23 所示，它是用于测量、记录发电量、供（互供）电量、厂用电量、线损电量和用户用电量的计量器具，是指由电能表（有功、无功电能表，复费率电能表等）、计量用互感器（包括电压互感器和电流互感器）及二次连接线导线构成的总体。

（二）计量装置设备

计量装置包括中压计量装置和低压计量装置。中压计量设备是指 10（20）kV 及以上的计量装置。低压计量设备是指 10kV 以下的计量装置，分为表计、表前开关（熔丝）、连接线、接线端子、本体（外壳）五类。

图 2-23 计量装置

(1) 表计。表计是用于计量用户用电量的装置。

(2) 表前开关（熔丝）。装电表前面的开关即为表前开关。

(3) 连接线。连接线是指从计量装置连接到用户的电线。

（4）接线端子。接线端子是为了方便导线的连接而应用的，就是一段封在绝缘塑料里面的金属片，两端都有孔可以插入导线。

（5）本体（外壳）。本体（外壳）为保护计量装置的外壳。

（三）常用电能表的分类

电能表各种分类如下：

（1）按照不同电流种类可分为直流式和交流式。按照不同用途可分为单相电能表、三相电能表、特殊电能表。

（2）电能表按其工作原理可分为电气机械式电能表和电子式电能表（又称静止式电能表、固态式电能表）。电气机械式电能表作为普通的电能测量仪表用于交流电路，可分为感应型、电动型和磁电型。

（3）电能表按其结构可分为整体式电能表和分体式电能表。

（4）电能表按其用途可分为有功电能表、无功电能表、最大需量表、标准电能表、复费率分时电能表、预付费电能表、损耗电能表和多功能电能表等。

（5）电能表按其准确度等级可分为普通安装式电能表（0.2 级、0.5 级、1.0 级、2.0 级、3.0 级）和携带式精密级电能表（0.01 级、0.02 级、0.05 级、0.1 级、0.2 级）。

第三节 继 电 保 护

> **【小节描述】**
> 本小节介绍了变电站和配电网络主保护的配置原则和保护作用。通过知识描述，整体了解配电网继电保护相关知识。

继电保护对电力系统中发生的故障或异常情况进行检测，发出报警信号，或直接将故障部分隔离、切除的一种重要措施。本节对变电站和配电网络的相关保护进行介绍。

一、变电站的主要保护

1. 变压器保护

35kV 及以下变压器继电保护装置的配置原则一般为：

（1）应装设反应内部短路和油面降低的瓦斯保护。瓦斯保护是变压器油箱内绕组短路故障及异常的主要保护。其作用原理是：变压器内部故障时，在故障点产生有电弧的短路电流，造成油箱内局部过热并使变压器油分解、产生气体（瓦斯），进而造成喷油、冲动气体继电器，继而瓦斯保护动作。

瓦斯保护分为轻瓦斯保护及重瓦斯保护两种。轻瓦斯保护作用于信号，重瓦斯保护作用于切除变压器。

（2）应装设反应变压器绕组和引出线的多相短路及绕组匝间短路的纵联差动保护或电流速断保护。

变压器的纵联差动保护用来反应变压器绕组、引出线及套管上的各种短路故障，是变压器的主保护。

对于容量较小的变压器，可在电源侧装设电流速断保护。电流速断保护与瓦斯保护配合，以反应变压器绕组及变压器电源侧的引出线套管上的各种故障。保护动作于跳开两侧断路器。

（3）应装设作为变压器外部相间短路和内部短路的后备保护的过电流保护（或带有复合电压启动的过电流保护）。

变压器的后备保护既是变压器主保护的后备保护，又是相邻母线或线路的后备保护。根据变压器容量的大小和系统短路电流的大小，35kV及以下变压器相间短路的后备保护可采用过电流保护、复合电压启动的过电流保护。

（4）应装设为防止变压器过负荷的变压器过负荷（信号）保护。

变压器过负荷保护是指变压器出现超过规定负荷时的保护措施。动作电流按躲过变压器的额定电流整定，保护经延时动作于信号。对双绕组升压变压器，过负荷保护装于低压侧；对于双绕组降压变压器，装于高压侧。

2. 线路保护

35kV及以下线路常见的相间短路的保护有瞬时电流速断保护、限时电流速断保护、过电流保护。

（1）瞬时电流速断保护：反应电流增大且瞬时动作的保护，简称电流速断保护。其动作电流按大于本线路末端短路时最大短路电流整定。电流速断保护不能保护本线路全长，而且保护范围随运行方式和故障类型而变。最大运行方式下三相短路时，保护范围最大；最小运行方式下两相短路时，保护范围最小。

（2）限时电流速断保护：带有一些延时的电流速断保护。限时电流速断保护能保护线路全长，并延伸至下一段线路的首端。为了保证选择性，其动作值和动作时限应与下一线路电流速断保护或限时电流速断保护配合整定。

（3）定时限过流保护：通常是指其动作电流按躲过线路最大负荷电流整定的一种保护。在正常运行时，它不会动作。当电网发生故障时，由于一般情况下故障电流比最大负荷电流大得多，所以保护的灵敏性较高，不仅能保护本线路全长，作为本线路的近后备保护，而且还能保护相邻线路的全长甚至更远，作为相邻线路的远后备。

（4）阶段式电流保护：为了迅速、可靠地切除被保护线路的故障，将瞬时电流速断保护、限时电流速断保护、过流保护三种电流保护组合在一起构成的一整套保护。一般是构成三段式电流保护，瞬时电流速断保护为第Ⅰ段，限时电流速断保护为第Ⅱ段，过流保护为第Ⅲ段，Ⅰ、Ⅱ段共同构成主保护，第Ⅲ段作为后备保护。阶段式电流保护不一定都用三段，也可以只用两段，即瞬时或限时电流速断保护第Ⅰ段、过流保护第Ⅱ段，构成两段式电流保护。

3. 自动重合闸

自动重合闸的采用，是电网运行的实际需要。使用重合闸的主要目的：

（1）提高供电可靠性，特别是单侧电源单回线路。

（2）可以提高超高压输电系统的并列运行稳定性。

（3）为了自动恢复瞬时故障线路的运行，从而自动恢复整个系统的正常运行状态。

（4）可以纠正由于断路器或继电保护装置造成的误跳闸。

自动重合闸的类型有三相重合闸、综合重合闸（单相重合闸、三相重合闸、综合重合闸、全停四种运行方式）。对于35kV及以下电网均采用三相重合闸，三相重合闸是指线路上发生单相短路或相间短路，继电保护装置均将线路三相断路器同时跳开，然后启动自动重合闸，重新合上三相断路器的方式。

4. 备用电源自动投入装置

在10~35kV电网中，常常采用放射型的供电方式。在这些系统接线方式中，为提高对用户供电的可靠性，可采用备用电源自动投入装置，简称备自投（BZT）装置，使系统自动装置与继电保护装置相结合。这是一种提高对用户不间断供电的经济而又有效的重要技术措施之一。备自投方式有进线备自投、桥（分段）备自投、变压器备自投。

如图2-24所示，备自投动作原理如下：

进线备自投：进线Ⅰ为工作电源、进线Ⅱ为备用电源，运行热备用；进线Ⅰ失电后，备自投装置

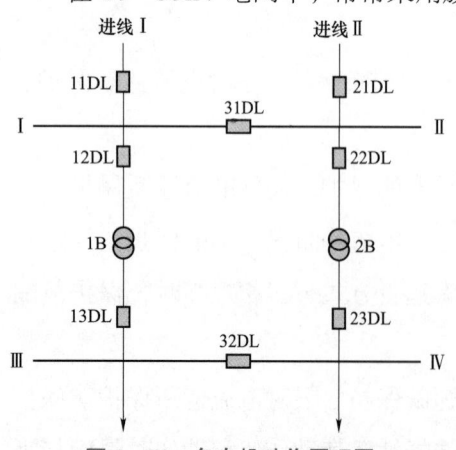

图2-24 备自投动作原理图

启动跳开进线Ⅰ开关，合上进线Ⅱ开关，由备用电源进线Ⅱ恢复对变电站供电。

分段备自投：进线Ⅰ、进线Ⅱ运行，分段开关热备用；进线Ⅰ失电后，备自投装置启动跳开进线Ⅰ开关，合上分段开关，恢复进线Ⅱ对1B（失电变压器）供电。

变压器备自投：1B为工作变压器、2B为备用变压器，即12DL、13DL运行，22DL、23DL热备用，当1B故障或误跳12DL、13DL后，备自投动作合上22DL、23DL，将备用变压器2B投入。

二、配电网络主要保护

1. 分段保护

在配电线路故障时，分段保护动作跳闸能够有效隔离故障区域，保障非故障区域用户的持续供电。

分段保护配置：分段开关采用高压断路器时，一般配置电流保护。安装在联络线上的分段开关过流跳闸功能退出，避免合环转电时因躲不过合环电流冲击而跳闸。分段保护跳闸后一般不重合，为了提高线路供电可靠性，主干线首端的分段保护应退出跳闸功能。

2. 分界保护

自动切除单相接地故障，当用户支线发生单相接地故障时，分界断路器自动分闸，变电站及馈线上的其他分支用户感受不到故障的发生。自动隔离相间短路故障，当用户支线发生相间短路故障时，分界断路器先于变电站出线开关跳闸，自动隔离故障线路，不会波及馈线上的其他分支用户停电。分界断路器装置只能装于分支线路或末端线路上，不得串联使用。

3. 剩余电流保护

低压配电线路中各相（含中性线）电流矢量和不为零而产生的电流称为剩余电流。剩余电流动作保护又称漏电保护，作为配电装置中主干线或分支线的保护。一般用于低压电网的电源进线上，是防止人身触电事故的有效措施之一，也是防止因漏电引起电气火灾和电气设备损坏事故的技术措施。

第四节 配电自动化

> 【小节描述】
>
> 本小节介绍了配电自动化相关的术语以及配电自动化系统的组成。重点对馈线自动化的各种类型以及动作原理进行介绍。

一、配电自动化

配电自动化（简称 DA）以一次网架和设备为基础，综合利用计算机、信息及通信等技术，以配电自动化系统为核心，实现对配电系统的监测、控制和快速故障隔离，并通过与相关应用系统的信息集成，实现配电系统的科学管理。配电自动化是提高供电可靠性和供电质量，提升供电能力，实现配电网高效经济运行的重要手段，也是实现智能电网的重要内容之一，提高服务质量、管理效率以及设备利用率。

配电自动化系统（简称 DAS）实现了配电网运行监视和控制的自动化系统，具备配电 SCADA、故障处理、分析应用及与相关应用系统互连等功能，主要由配电自动化系统主站、配电自动化系统子站（可选）、配电自动化终端和通信网络等部分组成，通过信息交换总线实现与其他相关应用系统互连，实现数据共享和功能扩展。

1. 配电主站

配电主站是实现数据采集、处理及存储、人机联系和各种应用功能的核心。主要由计算机硬件、操作系统、支撑平台软件和配电网应用软件组成。其中支撑平台包括系统数据总线和平台的多项基本服务，配电网应用软件包括配电 SCADA 等基本功能以及电网分析应用、智能化应用等扩展功能，支持通过信息交互总线实现与其他相关系统的信息交互。

2. 配电子站

配电子站是配电主站与配电终端之间的中间层，实现所辖范围内的信息汇集、处理、通信监视等功能。

3. 配电自动化终端

配电自动化终端为安装在现场的各类终端单元，远程实现对设备的监视，在配电系统中，和馈线开关配合的现场终端设备为馈线终端单元（FTU），实现馈线段的模拟、开关量的采样、远传和接收远方控制命令，和配电变压器配合的现场终端设备为配电变压器终端单元（TTU），实现配电变压器的模拟量、开关量监视，安装在开闭所、配电所以及环网柜等设备内的远方终端单位为站所终端（DTU），实现这些设备的模拟量、开关量采集及控制。

4. 配电自动化通信

配电自动化通信实现现场终端单元和配电子站、配电主站的通信，是配电自动化系统的重要环节。根据国家电网公司企业标准《配电自动化系统技术导则》中的有关规定，配电通信分为骨干网和接入网两层，骨干网的建设宜选用已建成的 SDH 光纤传输网扩容的方式，接入网的建设方案采用光纤 EPON、工业以太网、无线专网、无线公网 GPRS/CDMA 等通信方式相结合，组建配电通信接入网，通过构建配用电一体化通信平台来实现多种通信方式"统一接入、统一接口规范和统一监测管理"，确保通信通道安全、可靠、稳定运行。

二、馈线自动化

馈线自动化（简称 FA）是指利用自动化装置或系统，监视配电网的运行状况，及时发现配电网故障，进行故障定位、隔离和恢复对非故障区域的供电。它是配电自动化系统的重要功能之一。

（一）主要方式

馈线自动化实现故障处理可采用集中型与就地型模式。

1. 集中型

全自动式：主站通过收集区域内配电终端的信息，判断配电网运行状态，集中进行故障定位，自动完成故障隔离和非故障区域恢复供电。

半自动式：主站通过收集区域内配电终端的信息，判断配电网运行状态，集中进行故障识别，通过遥控完成故障隔离和非故障区域恢复供电。

集中型全自动馈线自动化原理：

（1）故障定位。配电主站根据智能终端传送的故障信息，快速自动定位故障区段，并在调度员工作站显示器上自动调出该信息点的接线图，以醒目方式显示故障发生点及相关信息。

（2）故障区域隔离。配电主站能够处理配电网络的各种故障，对于线路上同时发生的多点故障时，能根据配电线路的重要性对故障区段进行优先级划分，重要的配电网故障可以优先进行处理。同时配电主站进行故障定位并确定隔离方案，故障隔离方案可以自动或经调度员确认后进行。

很多地区配网结构是：除变电站出口为断路器外，其余线路上设备均为负荷开关型。对于瞬时性故障，由变电站出口断路器通过速断保护动作切除故障，启动重合闸进行重合。由于故障已切除，此时不启动 FA 即可恢复供电。对于永久性故障，首先由变电站出口断路器通过速断保护动作切除故障，启动重合闸进行重合，失败后主站启动 FA，在无故障电流的情况下隔离故障区段。对于不投重合闸的线路，故障隔离时主站直接启动 FA 隔离故障区域。

（3）非故障区域恢复供电。可自动设计非故障区段的恢复供电方案，并能避免恢复过程导致其他线路的过负荷；在具备多个备用电源的情况下，能根据各个电源点的负载能力，对恢复区域进行拆分恢复供电。

2. 就地型

（1）智能分布式：通过配电终端之间的故障处理逻辑，实现故障隔离和非故障区域恢复供电，并将故障处理结果上报给配电主站。

智能分布式馈线自动化原理：如果线路发生故障，在故障点电源侧的配电终端检测到故障信号，相反，负荷侧的配电终端检测不到故障信号。相邻配电终端之间通过保护信号专用网来交换故障信息，允许故障点两侧配电终端保护跳闸而闭锁其他终端保护跳闸功能，通过故障点两侧配电终端快速保护跳闸来隔离区域。

利用高速光纤以太网通信技术，配电终端要在 200ms 内完成故障的检测以及故障隔离工作。变电站的出口断路器的主保护满足智能分布式 FA 的要求，在 200ms 内完成故障的检测以及故障隔离工作；变电站的出口断路器的后备保护由原自身保护装置实现，动作时间设定在 400~500ms 之间。这样在线路发生故障时，变电站出口断路器不会动作，达到最大程度减少停电范围，隔离故障的目的。

（2）重合器式：在故障发生时，通过线路开关间的逻辑配合，利用重合器实现线路故障的定位、隔离和非故障区域恢复供电。

（二）实施原则

（1）对于主站与终端之间具备可靠通信条件，且开关具备遥控功能的区域，可采用集中型全自动式或半自动式。

（2）对于电缆环网等一次网架结构成熟稳定，且配电终端之间具备对等通信条件的区域，可采用就地型智能分布式。

（3）对于不具备通信条件的区域，可采用就地型重合器式。

第五节　配电网常用调度术语

▶【小节描述】

本小节介绍了供电服务指挥业务相关调度术语。通过对各调度术语的描述，整体掌握配电网常用调度术语的释义。

在配网停送电过程中调度员通过下达操作指令来操作设备，操作指令包括综合操作指令、单项操作指令和逐项操作指令。以下介绍配电网常用调度术语。

一、开关和刀闸

（1）合上开关。使开关由分闸位置转为合闸位置。
（2）拉开开关。使开关由合闸位置转为分闸位置。
（3）合上刀闸。使刀闸由断开位置转为接通位置。
（4）拉开刀闸。使刀闸由接通位置转为断开位置。
（5）开关跳闸。开关非运行人员操作使三相同时由合闸转为分闸位置。
（6）开关跳闸、三相重合不成功。开关跳闸后，立即自动合上三相开关再自动跳开。
（7）开关跳闸、重合闸拒动。开关跳闸后，重合闸装置虽已投入，但未自动合上。
（8）线路强送成功。开关跳闸后，在线路故障是否消除尚不清楚时，合上开关，对线路进行全电压送电，开关未再跳闸。
（9）线路强送不成功。开关跳闸后，在线路故障是否消除尚不清楚时，合上开关，对线路进行全电压送电，开关再次跳闸。

二、并列、解列

（1）核相。用仪表工具核对两电源或环路相位是否相同。
（2）核对相序。用仪表或其他手段，核对电源的相序是否正确。
（3）相位相同。开关两侧 A、B、C 三相均排列相同。
（4）解列。将一个电力系统分为两个独立系统运行。

三、线路

（1）线路强送电。线路事故跳闸后未经处理即送电。
（2）线路试送电。线路故障消除后的送电。
（3）带电巡线。对有电或停电未做好安全措施的线路巡线。
（4）停电巡线。在线路停电并挂好地线情况下巡线。
（5）事故巡线。线路发生事故后，为查明故障原因的巡线。

（6）特巡。对带电线路在暴风雨、覆冰、雾、河流开冰、水灾、大负荷、地震等情况下的巡线。

四、电力系统

（1）摆动。电力系统电压、电流产生有规律的小量摇摆现象。

（2）波动。电力系统电压发生瞬间下降或上升后立即恢复正常。

（3）振荡。电力系统并列运行的两部分或几部分间失去同期、系统电压、电流、有功和无功发生大幅度有规律的摆动现象。

（4）线路潮流。线路的电流或有功、无功功率方向大小。

思考与练习

1. 如何在配电网支线停电时准确获取相应停电范围？

2. 线路停电对用户有较大影响，那么重合闸和备自投动作时间较短，有时涉及的用户或变电站较多，是否需要录入大量的停送电信息？

第三章
配电网业务协同指挥

加快农网改造升级，建设灵活可靠、智能互联的现代化配电网，持续提升电能供应质量。切实转变服务理念，加快构建以客户为中心的电力服务体制，探索开展电力产品创新、服务创新，为用户提供更优质高效的电力服务。

——寇伟

《勇挑重担　推动国家电网公司全面深化改革不断取得新突破》

第一节 95598 抢修指挥

> 【小节描述】
> 本小节介绍了95598故障报修的概念、工单特点、故障报修业务等级、工单类型、业务流程及规范。通过详细的业务介绍，整体掌握95598抢修指挥的基本概念、业务流程和规范要求。

一、95598 故障报修概述

供电服务指挥中心接收从国网客服中心经由对外公布的95598电话、网站等渠道受理的95598故障报修工单，包括故障停电、电能质量或存在安全隐患须紧急处理的电力设施故障诉求业务工单。

1. 故障报修工单特点

（1）被动性。故障报修工单均由用户发起，当用户感知到停电或电压异常后报修，由客服人员生成工单的形式，最终下发至抢修人员进行处理。

（2）数量大。中低压设备点多面广，故障率高等造成故障报修工单数量大。

（3）时限要求严格。故障报修工单的接单时间、到达现场时间、修复时间均有严格要求。

（4）影响因素多。故障报修工单不仅仅与气候、自然灾害、主网故障有关系，还与用户用电意识、营配调数据融合密切相关。

2. 故障报修业务等级

根据客户报修故障的重要程度、停电影响范围、危害程度等将故障报修业务分为紧急、一般两个等级。抢修人员应优先处理紧急缺陷，如实向供电服务指挥中心汇报抢修进展情况，直至故障处理完毕。预计当日不能修复完毕的紧急故障，应及时向供电服务指挥中心汇报；抢修时间超过4小时的，每2小时向供电服务指挥中心报告故障处理进度情况；其余的短时故障抢修，抢修人员汇报预计恢复时间。供电服务指挥中心定时掌握紧急故障抢修进度情况，便于及时处理抢修类催办工单，有助于客服代表向客户做好解释。

（1）紧急故障报修包括：

1）已经或可能引发人身伤亡的电力设施安全隐患或故障；

2）已经或可能引发人员密集公共场所秩序混乱的电力设施安全隐患或故障；

3）已经或可能引发严重环境污染的电力设施安全隐患或故障；

4）已经或可能对高危及重要客户造成重大损失或影响安全、可靠供电的电力设施安全隐患或故障；

5）重要活动电力保障期间发生影响安全、可靠供电的电力设施安全隐患或故障；

6）已经或可能在经济上造成较大损失的电力设施安全隐患或故障；

7）已经或可能引发服务舆情风险的电力设施安全隐患或故障。

（2）一般故障报修。除紧急故障报修外的故障报修均为一般故障报修。

二、95598 故障报修工单类型

故障报修类型一级分类 6 类，二级分类 19 类，三级分类 110 类。一级分类分为高压故障、低压故障、电能质量故障、客户内部故障、非电力故障、计量故障六类。

1. 高压故障

高压故障是指电力系统中高压电气设备（电压等级在 1kV 及以上者）的故障，主要包括 35kV 及以上输变电设备、高压架空线路、高压电缆线路、变压器、配电站房设备（含分支箱、环网柜、开关柜）。高压故障原因包括树枝挂线、野蛮施工等外力破坏造成线路故障，变压器内部故障，自然灾害引起的线路上设备损坏等。

根据《国家电网 95598 停送电信息报送规范》规定：公用变压器及以上的停送电信息，须通过营销业务应用系统（SG186）中"停送电信息管理"功能模块报送。因此，在国网客服受理故障报修工单时，会通过停送电信息情况与客户解释，直接办结工单。随着营配数据贯通准确性提升，被下派的高压故障工单所占比例将随之减少，目前高压故障占比低于 10%。

330kV 及以上故障由省运检负责工单处理；220kV 故障由地市调控中心及相关单位负责工单处理；其余 35kV 及以上电压等级故障，按照职责分工转相关单位处理，抢修单位完成抢修工作，由供电服务指挥中心完成工单回复工作。其余 1kV 及以上电压等级故障，派发至相应抢修队伍（运维、抢修）。

2. 低压故障

低压故障是指电力系统中低压电气设备（电压等级在 1kV 以下者）的故障，主要包括低压架空线路、低压电缆线路、低压设备（低压开关柜、分支箱、综合配电箱）。低压故障原因一般有低压线路断线、低压开关故障、低压设备进水等。在故障报修工单中，低压故障所占比例最高，占比超过 40%。

3. 电能质量故障

电能质量故障是指由于供电电压、频率等方面问题导致用电设备故障或无法正常工作，主要包括供电电压、频率存在偏差或波动、谐波等。电能质量故障原因一般有用电负荷突然增加、某相接触不良等。目前电能质量故障所占比例较少，占比 5%左右。

（1）电压偏差。

《供电营业规范》规定在电力系统正常状况下，供电企业供到用户受电端的供电电压允许偏差为：

1）35kV 及以上电压供电的，电压正、负偏差的绝对值之和不超过额定值的 10%；

2）10kV 及以下三相供电的，为额定值的 ±7%；

3）220V 单相供电的，为额定值的+7%，－10%。

在电力系统非正常状态下，用户受电端的电压最大允许偏差不应超过额定值的 ±10%。

过电压是指工频下交流电压均方根值升高，超过额定值的 10%，并且持续时间大于 1 分钟的长时间电压变动现象。主要是由于负荷的切除和无功补偿电容器组的投入以及变压器分接头的不正常设置等原因引起。

（2）频率偏差。

我国电力系统的标称频率为 50Hz，《电能质量 电力系统频率偏差》中规定：电力系统正常运行条件下频率偏差限值为 ±0.2Hz，当系统容量较小时，偏差限值可放宽到 ±0.5Hz。

（3）谐波。

《电能质量 公用电网谐波》中规定：0.38kV 总谐波畸变率为 5.0%，6～10kV 总谐波畸变率为 4.0%。谐波带来的影响较大，使电气设备过热、产生振动和噪声，并使绝缘老化，使用寿命缩短，甚至发生故障或烧毁。

4. 客户内部故障

客户内部故障是指产权分界点客户侧的电力设施故障，包括居民客户内部故障和非居民客户内部故障。客户内部故障一般有用户开关跳闸、用户线路故障、用户设备短路等。客户内部故障与当地客户产权设备所占比例有关，目前客户内部故障平均占比 20%，部分单位因客户产权比例较高，对应的客户内部故障占比超 30%，甚至更高。

居民客户内部故障是指客户反映居民客户产权设备故障（含表后进户线绝缘破损、导线断裂、熔断、接触不良、安全距离不足等情况）。表后进户线指的是用户计量装置在室外时，从用户室外计量箱出线端至用户室内第一支持物或配电装置的一段线路。

非居民客户内部故障主要指除居民客户以外其他客户内部故障，如客户产权变压器、线路、开关等设施故障。

国网客服根据客户反映的电力故障，经分析研判属于客户内部故障，向客户解释后直接办结，对于无法判断是否为客户内部故障，下派至供电服务指挥中心。供电服务指挥中心确认为客户内部故障后，可联系客户，建议客户联系产权单位、物业或有资质的施工单位处理。其中若客户委托产权单位处理，应按照《国家电网公司供电服务规范》要求，对产权不属供电企业的电力设施如需进行维修和抢修，按当地物价部门有关规定实行有偿服务。

5. 非电力故障

非电力故障是指供电企业产权的供电设施及附属设施损坏但暂时不影响运行、非供电企业产权的电力设备设施发生故障、非电力设施发生故障等情况，主要包括客户误报、紧急消缺。非电力故障一般有用户未充值欠费、设备非电力设施计划检修等。目前非电力故障占比 20% 左右。

客户误报是指客户欠费、违约用电、窃电停电、停限电工作等被采取停电措施的；客户卡表未开卡、未充值、卡表预付费不足导致不能正常用电的；第三方资产设备，如水、煤、气、暖等市政公共设施，通信线路、有线电视及其他非电力公司产权设备故障，但客户无法区分的；根据客户描述，经现场查看无故障及异常现象或者客户再次致电撤销报修等情况；无法与客户联系等情况。其中客户来电表示家中无电，经查询停电信息已经解释的，归为客户误报–停限电工作类别并办结。

紧急消缺是指客户反映供电企业电力设备存在安全隐患，危及电网运行安全或人身安全，需要供电企业紧急处理的故障。

6. 计量故障

计量故障是指计量设备、用电采集设备故障，主要包括高压计量设备、低压计量设备、用电信息采集设备故障等。计量设备包括计费电能表以及电压、电流互感器、计量柜（箱）、接线端子盒、表前开关（熔丝）、二次连接线等附属设备。计量故障一般有计量箱故障、智能表故障等。目前计量故障占比不超过 10%。

三、95598 故障报修业务流程及规范

客服代表受理客户故障报修业务，在受理客户诉求时记录客户故障报修的用电地址、

用电区域、客户姓名、客户编号、联系方式、故障现象、客户感知等信息，并根据客户的诉求及故障分级标准选择故障报修等级，生成故障报修工单。在挂断电话后 2 分钟内，客服代表将工单派发至相应的地市供电服务指挥中心。以下具体介绍地市供电服务指挥中心接到工单到回复工单的详细流程。

（一）工单接派

供电服务指挥中心应在客服代表下派工单后 3 分钟内完成接单或退单，对于接单的工单进行故障研判，继而派发抢修工单至对应的抢修队伍，指挥中心工单接派如图 3-1 所示。供电服务指挥中心人员接到工单时的界面如图 3-2 所示，其中星号部分已由上级客服代表填写完成。

1. 退单规范

供电服务指挥中心回退客服代表的描述应简洁、准确，协助客服代表二次准确派单。退单原因类型：

（1）工单内容填写错误、信息填写不完全，导致无法找到现场，并且无法联系上客户。

（2）属于应办结工单，客服代表误派发的工单。如：知识库规定非地市业务受理范围的工单；客服代表误操作派发的工单；已有计划停电等停电信息，客服代表仍派发的工单；其他情况。

（3）受理内容描述不清、造成市公司工作人员无法理解工单内容。如：未按 95598 业务工单填写规范进行填写；工单受理内容与客户诉求完全不符。

图 3-1 指挥中心工单接派流程图

（4）在规定答复期限内同一客户反映的同一问题造成的重复工单。

（5）与报修客户联系后客户表示未报修的工单可退单，并注明详细原因。

（6）工单一级分类选择错误。

2. 故障研判

配电网的故障研判是指依托配电网物理拓扑结构、设备与设备上下级关系，通过收集当前电网各类设备实时运行信号，诊断出引起停电的故障类别、发生故障的位置以及停电影响范围的过程。准确的故障研判可以帮助供电服务指挥人员更合理地调配抢修资

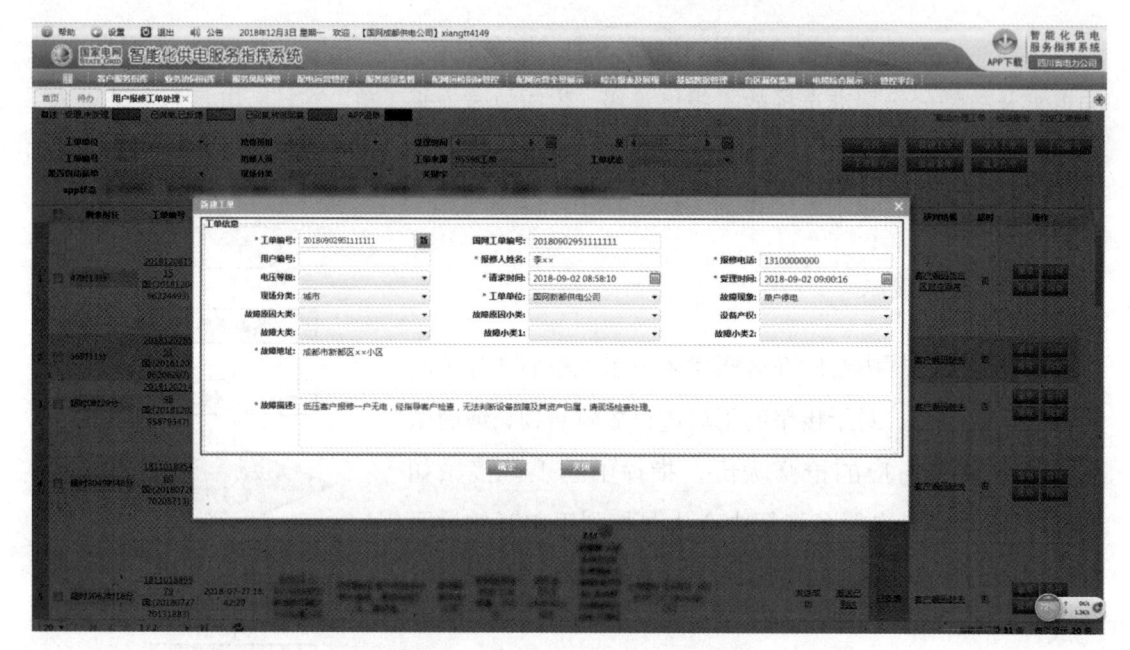

图 3-2 95598 故障报修工单模板

源、派发抢修任务；可以帮助现场抢修人员更快地排查故障，找到故障点、故障原因，加快抢修进度；可以帮助客服人员更准确地掌握故障停电影响范围，以便及时拦截到新增报修，减少重复派工。智能化供电服务指挥系统故障研判示例如图 3-3 所示。故障研判算法详见第 4 章主动抢修工单章节介绍。

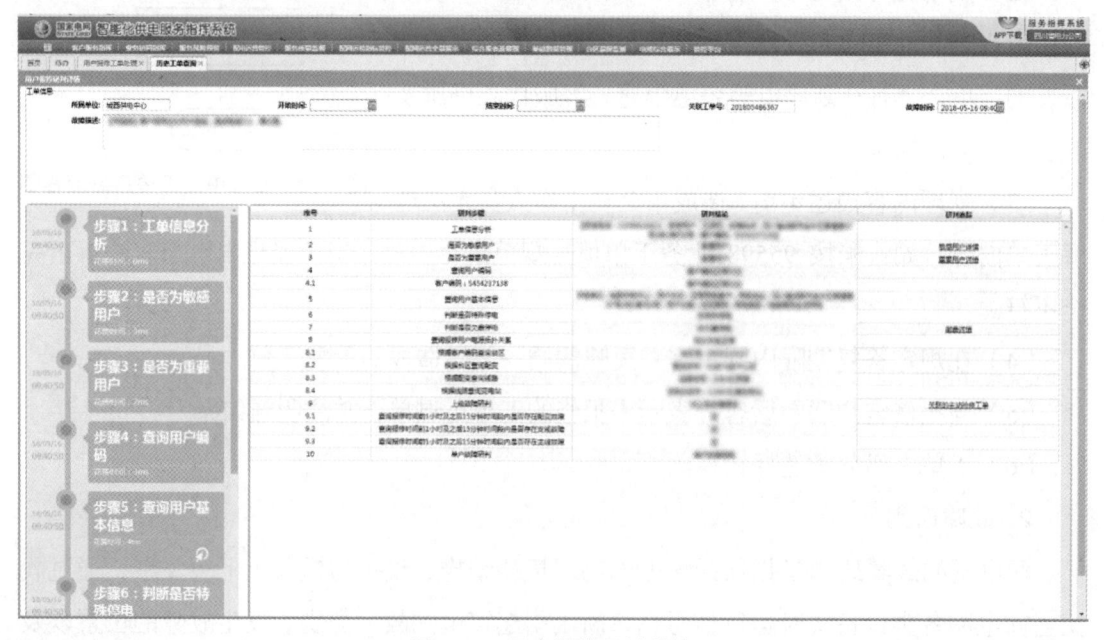

图 3-3 用户报修研判详情

3. 工单派发

根据故障研判逻辑，将工单派发至相应的抢修所属单位、抢修班组、抢修人员等，实现工单信息线上流转的，可直接派单至抢修人员移动作业终端，并可短信通知到抢修人员、班长、报修用户、客户经理，如图3-4所示；未实现工单信息线上流转的，可通过电话派发工单详情。

图3-4 工单派发界面

（二）工单合并

故障报修工单流转的各个环节均可以进行工单合并，合并后，指定一张工单作为主工单，其余工单作为子工单。为保证故障报修工单流程闭环，提高客户满意率，合并后的故障报修工单处理完毕后，主、子工单均需回访。

对于在实现营配信息融合情况下，建立准确的"站-线-变-户"拓扑关系的情况下，指挥人员可对因同一故障点影响的不同客户故障报修工单进行合并，对于不确定是否为同一故障点的工单下派至相应抢修人员，抢修人员确认为同一故障点引起的客户报修可以进行工单合并，在合并工单前要经过仔细核实、查证，不得随意合并工单。除了故障报修工单外，其余类型工单均不能进行合并。

工单合并可以避免大量的重复工作，提升指挥人员派单效率和回单效率，减轻抢修人员回复工单工作量。合并工单范例如图3-5所示。

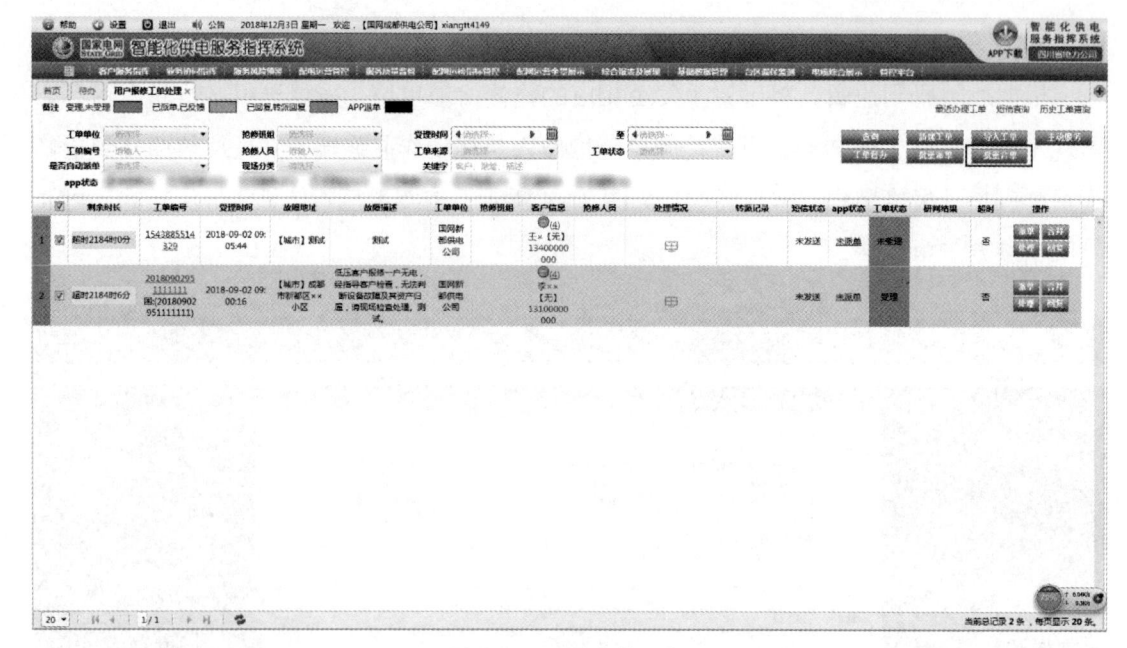

图 3-5 工单合并界面

合并工单的方法有通过批量合并或点选某张工单进行合并操作。批量合并可先选择多张工单，再确定主单的方式进行合并操作。

（三）抢修处理

抢修处理包括抢修人员接单或退单、到达现场、故障处理、回复工单等环节。抢修人员与供电服务指挥人员一致，实行 7×24 小时全天候服务管控和服务响应，及时处理客户故障诉求，实现"五个一"标准抢修要求：一个用户报修、一张服务工单、一支抢修队伍、一次到达现场、一次完成故障处理。目前抢修接单的模式有：① 指挥人员直接派发至对应的班组，班组内上班的所有人员均能接单，任一人接单后，其余人员不得操作；② 指挥人员根据派单规则、App 在线情况和人员工单数量等派发至对应班组的某个人员，该人员接单处理；③ 通过类似于"滴滴打车"App，抢修人员进行抢单。抢修处理具体要求有：

1. 接单或退单

抢修人员在指挥中心派发工单后规定时间（规定时间根据各地市《供电服务指挥业务管理办法》执行）内完成接单或退单。对于非本部门职责范围或信息不全影响抢修工作的工单应及时反馈指挥中心，指挥中心在 3 分钟内将工单回退至派发单位并详细注明退单原因。对于职责范围内的工单，抢修人员接到工单后应第一时间联系报修客户，再次确认报修内容，告知其预计到达现场时间，安抚客户情绪。抢修人员收到短信截图和

App 上接、退单界面如图 3-6 和图 3-7 所示。

图 3-6 抢修收到报修短信界面

图 3-7 移动配抢 App 抢修接单、退单界面

2. 抢修到达现场

抢修人员到达故障现场时限应符合：城区范围不超过 45 分钟，农村地区不超过 90 分钟，特殊边远山区不超过 120 分钟。具备条件的单位采用最终模式，抢修人员到达故障现场后 5 分钟内将到达现场时间录入系统；不具备条件的单位采用过渡模式，抢修人员到达故障现场后 5 分钟内向供电服务指挥中心反馈到达现场时间，暂由指挥中心将到达现场时间录入系统。抢修 App 上到达现场点击界面如图 3-8 所示，到达现场操作界面如图 3-9 所示。

图 3-8 到达现场点击界面

图 3-9 抢修到达现场后的操作界面

为保证及时处理用户故障，各地积极采取技术和管理创新举措，提升抢修到达现场效率。如成都公司共产党员服务在成都主城区范围内正式成立"电马儿"抢修服务，以绿色、低碳的方式，践行"30分钟抢修圈"的服务承诺。这些最高时速控制在20km/h，灵活穿梭在成都大街小巷，直达供电故障现场的"电马儿"不受堵车困扰，将成都平均故障停电时间缩短了整整15分钟。成都"电马儿"抢修服务如图3-10所示。

图3-10 成都"电马儿"抢修服务

3. 现场勘查

抢修人员在处理故障时，应优先处理紧急故障，如实向上级部门汇报抢修进度情况，直至故障处理完毕。预计当日不能修复完毕的紧急故障，应及时向供电服务指挥中心报告、抢修时间超过4小时的，每2小时向供电服务指挥中心报告故障处理进度；其余的短时故障，抢修人员汇报预计恢复时间。抢修App上现场勘查点击界面如图3-11所示，现场勘查操作界面如图3-12所示。党员服务队照片如图3-13所示。

图3-11 现场查勘点击界面　　　图3-12 抢修现场勘查填写界面

图 3-13 党服队活动照片

抢修人员在到达故障现场确认故障点后 20 分钟内向供电服务指挥中心报告预计修复送电时间。为降低该类故障对客户正常用电的影响，低压单相计量装置类故障（窃电、违约用电等除外），由抢修人员先行换表复电，营销人员事后进行计量加封及电费追补等后续工作。

供电服务指挥中心对现场故障抢修工作处理完毕后还需开展后续工作的应正常回单，并及时联系有关部门开展后续处理工作。

4. 抢修完毕回单

抢修完毕后应及时准确回单，便于国网客服尽快与客户回访。具备条件的单位采用最终模式，抢修完毕后 5 分钟内抢修人员填单向供电服务指挥中心反馈结果，指挥中心 30 分钟内完成工单审核、回复工作；不具备条件的单位采用过渡模式，抢修完毕后 5 分钟内抢修人员汇报供电服务指挥中心，暂由指挥中心在 30 分钟内完成填单、回复工单。抢修 App 上抢修修复点击界面如图 3-14 所示，抢修修复操作界面如图 3-15 所示。现场抢修如图 3-16 所示。

图 3-14 抢修修复点击界面　　　　图 3-15 抢修修复操作界面

图 3-16　现场抢修照片

（四）客户催办

客户催办即客服代表应客户要求，对正在处理中的业务工单进行催办。抢修类催办业务，客服代表应做好解释工作，并根据客户诉求派发催办工单。

客服代表在 10 分钟内完成抢修类催办工单派发。已生成工单（包括抢修类工单及非抢修类工单）的业务诉求，客户再次来电要求补充相关资料等业务诉求的，需将补充内容详细记录并生成催办工单下派。客户催办故障抢修工单的，若抢修人员到达现场时限已超过服务承诺时限要求一半及以上时间的，可派发催办工单，催办工单派发时间间隔应在 5 分钟及以上；若抢修人员未到达现场，且未超过服务承诺时限要求一半时间的，由客服代表做好解释工作，争取客户理解。对于存在舆情风险的，需按照客户诉求派发催办工单。

供电服务指挥中心人员在接到客户催办后，与工单接单要求相同，3 分钟内告知抢修人员。告知抢修人员的方法有：

（1）具备系统自动一键催办功能的可实现一键催办，直接将工单的内容推送至手机 App。

（2）通过系统实现短信催办功能的，在系统中，将客户催办信息（包括工单编号、地址、电话、客户催办诉求）通过短信告知抢修人员，同时在系统中形成催办工单，短信催办模板详见图 3-17。

（3）不能实现系统与抢修互动的，可通过微信、电话等方式告知抢修人员。

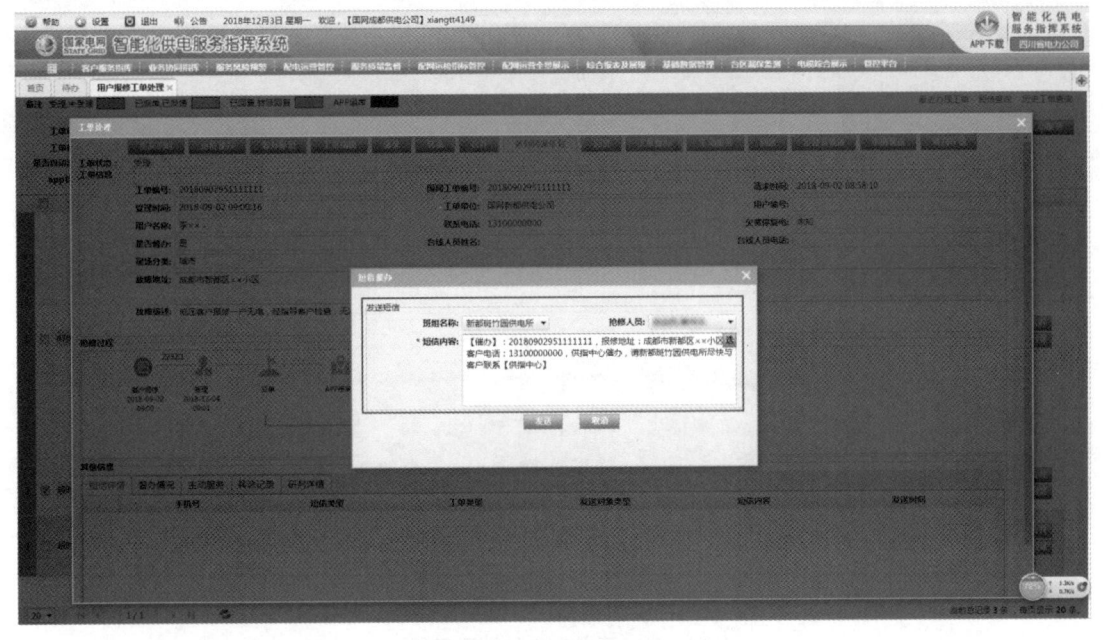

图 3-17 短信催办模板

（五）审核工单

供电服务指挥中心根据抢修人员回填的工单在 30 分钟内完成审核，审核不通过将不通过原因回退抢修人员重新回填，审核通过提交至上级派发单位。国网客服中心客服人员审核抢修人员回填的工单：客服代表审核供电服务指挥人员提交的工单，审核不通过，回退供电服务指挥中心重新回单。审核工单流程图如图 3-18 所示。

1. 故障报修工单填写规范

抢修回填工单在主站端回复界面如图 3-19 所示，指挥中心对工单内容进行审核，工单填写应注意：

（1）工单应使用书面语进行填写，内容描述应准确、简洁，避免错字、别字的发生；语句通顺、流畅，结构逻辑性强，避免产生歧义句。

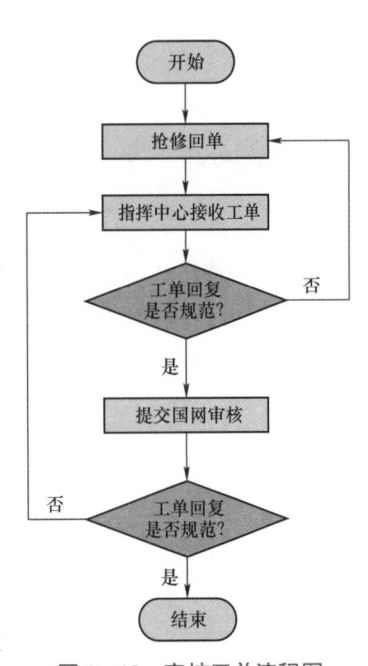

图 3-18 审核工单流程图

（2）工单填写项目应尽可能完整，带有星号的为必填项；对于非必填项，本着便于处理的原则根据需要尽量填写。

必填项包括到达现场时间、预计恢复送电时间、故障类型、故障现象、故障设备产权属性、故障原因、故障区域分类、故障修复时间、现场抢修记录、处理结果、是否已

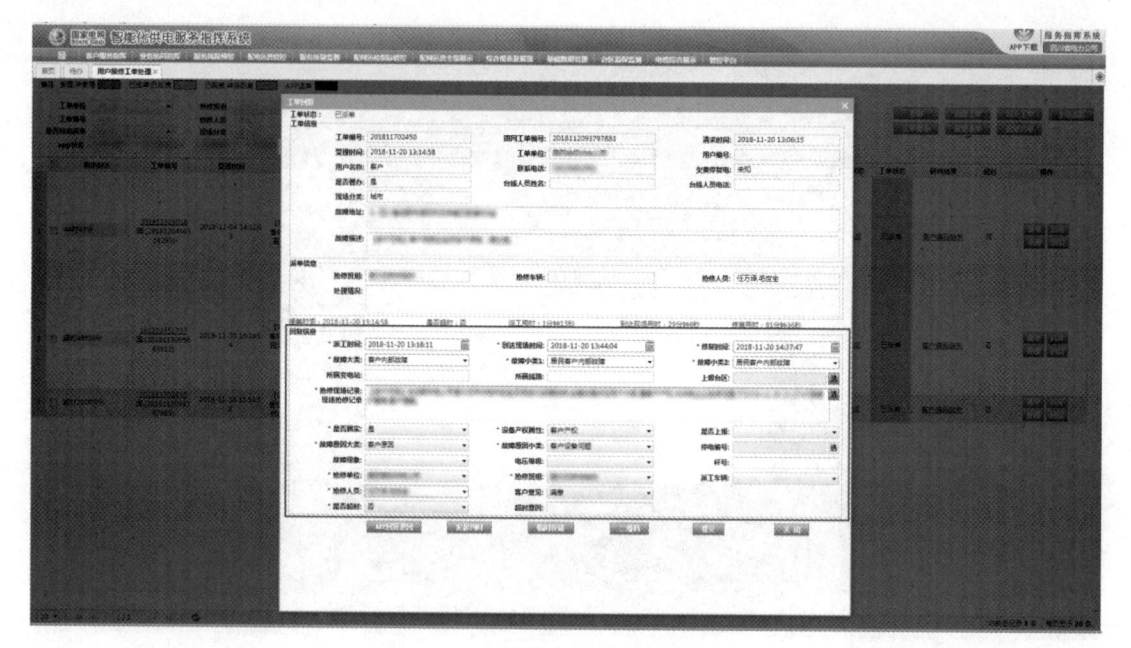

图 3-19 工单在主站端回复界面

回复等。选填项包括抢修部门、抢修人员、抢修车辆、联系电话、停电范围、承办意见、合并工单等。

（3）故障报修工单现场抢修记录应对故障处理过程进行简要描述，不应以"已处理""已转部门处理"等形式回复。

供电服务指挥中心提交的工单由国网客服中心客服人员进行审核。审核不通过，回退供电服务指挥中心重新回单。审核不通过的原因有：

（1）客户诉求实际未处理好或未完全处理好，工作人员急于反馈工单，导致回访人员与客户核对信息时发生回退。

（2）用户首次报修的故障已经修复，但是在回访时又发生新的故障导致用户还是没电造成回退。

（3）故障修复完毕后未与报修本人联系，回访用户时，用户对抢修结果不清楚，造成回退。

（4）工单处理意见填写不规范，未按上级客服中心要求进行填写。

（5）工单处理意见反馈不真实或不完整，导致回访时客户提出异议。

（6）工单处理意见与工单受理内容不相符，未按客户诉求进行处理。

2. 故障报修工单回单模板

故障报修工单回复模板在系统中的查询界面如图 3-20 所示。

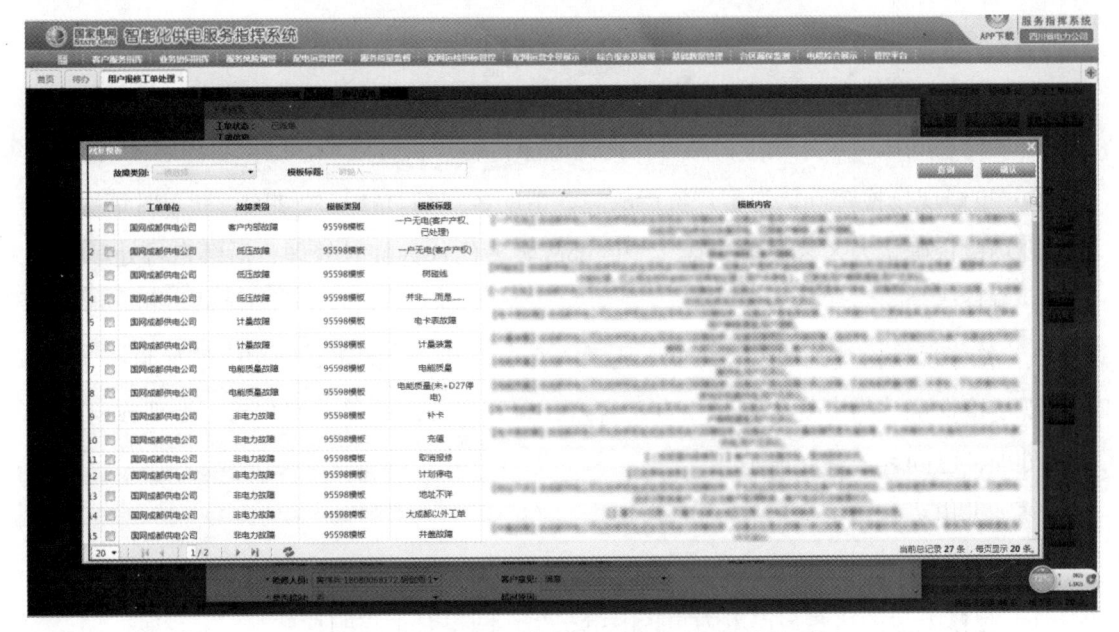

图 3-20 故障报修工单回复模板在主站端的查询界面

（1）高压故障。抢修现场检查确认为供电企业产权设备故障，回单时写明：

现场经查故障原因为 10kV ××线故障停电，于××日抢修完毕，恢复供电，已联系用户解释清楚，用户无异议（相关停电信息编码：××）。

（2）低压故障。抢修现场检查确认为供电企业产权设备故障，回单时写明：

现场经查此户是××故障，于××日抢修完毕恢复供电，用户无异议。

（3）电能质量故障。

1）电能质量问题，抢修现场检查确认为供电资产故障，修复处理后，回单时请写明：

现场检查确认为××故障，已处理，现场正常供电。抢修现场测量电压值××，属于正常范围，已和客户进行沟通。

2）电能质量问题，抢修现场检查确认为供电资产原因不能短时修复处理，还需其他部门后续处理，回单时请写明：

现场检查确认为××故障，临时无法进行恢复，已取得客户谅解，后续将转××部门处理。

3）抢修现场检查确认为供电资产部分电压异常故障，已有改造计划，等待停电，回单时请写明：

××月××日，××部门经现场勘查核实，负荷高峰时，现场实测电压××V，××线路××台区电压低系××（如配电变压器容量小、线径细、供电半径大等）原因造成。已有改造计划，计划于××月××日采取××措施处理完毕。

（4）客户内部故障。抢修现场检查确认为客户产权设备故障，回单时写明：

1）抢修现场检查确认为客户资产故障，如需要客户自行处理的，回单时请写明：

现场检查确认为××故障，属客户内部故障，客户自行处理，已向客户解释清楚。

2）抢修现场检查确认为客户资产故障，帮助客户临时修复处理的，回单时请写明：

现场检查确认为××故障，属客户内部故障，已代为临时处理，后续自行处理，已向客户解释清楚。

3）抢修现杨检查确认为高（低）压动力客户资产部分故障，回单时请写明：

现场检查确认为专变（临时用电）客户，属客户内部故障，客户自行处理或已转营销部处理，已向客户解释清楚。

（5）非电力故障。

非电力故障—客户误报：

1）抢修人员确认客户停电为负控限电引起，回单时请写明：

现场核实为负控限电造成客户无电，非抢修范围，已经向客户解释。

2）抢修人员确认客户停电为欠费停电引起，回单时请写明：

现场核实因其欠费停电造成客户无电，并向客户解释，请客户结清电费后，尽快去供电公司营业厅办理复电手续。

或：现场核实因其欠费停电造成客户无电，已经临时为客户送电（报备营销××单位），并向客户解释，请客户结清电费后，尽快去供电公司营业厅办理复电手续。

3）物业公司与客户矛盾造成停电，回单时请写明：

客户与物业公司之间有纠纷被断电，请客户与物业公司协商处理。

4）抢修人员联系客户（或到现场）时，客户表示已用电正常，回单时请写明：

抢修人员联系客户（到现场）时，客户表示家中已有电。

5）95598 国网客服中心告知，客户取消报修，回单时请写明：

客户已致电 95598 取消报修。

6）客户因不在家中等特殊情况，与抢修人员约定时间开展抢修工作的，回单时请写明：

由于××，抢修人员××（手机××）跟客户约时××日××时（时间）处理（明确届时是客户联系抢修人员还是抢修人员联系客户）。

7）抢修人员确认客户停电为计划停电引起，回单时请写明：

现场核实客户停电原因为 10kV××线路计划停电，已发停电信息，停电信息编码：××。

非电力故障—紧急消缺：

1）供电资产窨井盖缺失或损坏，造成安全隐患不能及时修复，回单时请写明：

现场已做临时防护处理，预计在××（时间）前修复，已和客户进行沟通。

2）供电资产窨井盖缺失或损坏，造成安全隐患已及时修复、回单时请写明：

现场已做临时防护处理，已修复，已和客户进行沟通。

3）非供电资产窨井盖缺失或损坏，造成安全隐患，回单时请写明：

现场查看发现该窨井盖非供电资产，属××（电信，雨污分流等），已告知客户。

4）高压线路弧垂过大、电杆倾斜等安全隐患情况，回单时请写明：

现场已做临时防护处理，已通知相关部门处理，预计在××（何时前）修复，已和客户进行沟通。

5）树木碰线，存在安全隐患，回单时请写明：

因树木生长较快碰到低压线路，已锯树处理。

（6）计量故障。

1）抢修现场检查确认为电能表故障，更换电能表处理，回单时请写明：

现场检查此户是电能表故障，于××日更换电能表，抢修完毕，恢复供电，已联系用户解释清楚，用户理解。

2）抢修现场检查确认为终端故障，回单时写明：

现场检查故障原因为终端故障，已于××日为客户恢复送电并做好解释，内部已发起计量故障流程，客户无异议。

3）电能表疑似存在串户现象，回单时请写明：

抢修单位现场确认，客户用电正常，但电能表疑似存在串户现象，已与报修人解释，告之后续会有专业人员与其联系，预约核查处理串户事宜。

4）电能表箱破损或缺失，回单时请写明：

抢修人员抵达现场对破损或缺失的电能表箱已做临时处理，目前不影响客户用电安全，但需对电表箱做进一步的维护处理。已向客户解释，告知后续会有人员与其联络处理表箱问题。

四、抢修类工单处理流程

抢修类工单处理流程图如图 3-21 所示。

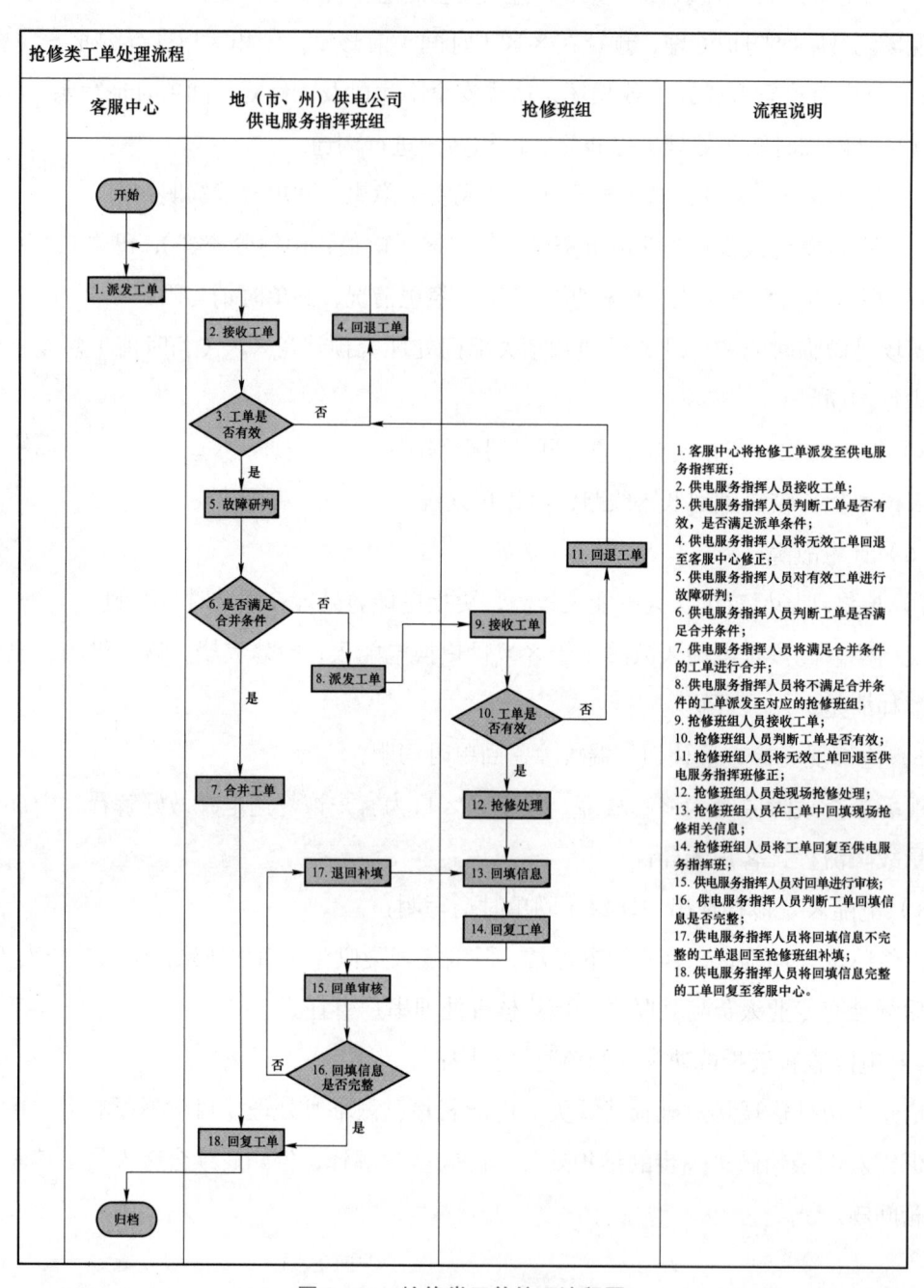

图 3-21　抢修类工单处理流程图

第二节 市政平台业务

> **【小节描述】**
> 本小节详细介绍了市政平台业务的概念、业务流程、职责规范、客户需求。通过概念描述，熟练掌握市政平台业务的基本概念、操作流程和规范要求。

一、市政平台概述

市政平台是市政府处理行政机关职能范围内非应急事务的公开服务平台，通过市长热线、市长信箱等渠道，实行"一号对外、集中受理、分类处置、统一协调、各方联动、限时办理"的工作机制，帮助诉求人解决生活、生产中所遇困难和问题，是市委、市政府关注民生、倾听民意的平台。

市政平台服务内容涵盖了供电、供水、市政、供气、排水防汛、房地产开发与管理、园林绿化、城市交通、市容环卫、建筑建材业管理、城管监察等相关职能部门的多种行业。

市长热线：市民拨打"12345"热线电话后，电话首先由呼叫中心热线受理员接听。热线受理员接听群众来电后，对能直接解答的咨询类问题，依据知识库信息直接解答，不能直接解答的咨询类问题及求助、投诉和建议，及时转交相关区县、部门办理。相关区县、部门及时妥善办理来电事项并回复市民，同时将办理结果反馈给市长热线平台。市长热线主要负责在本市行政管辖区域内，在地方政府公共服务、市场监管、社会管理、环境保护等职能职责、权利清单范围内，受理公民、法人和其他组织针对本市各级政府及其部门和具有管理公共事务职能的单位及其工作人员提出的非紧急救助类求助、咨询、建议、反映、投诉等。

市长信箱：是市政府通过网络密切联系群众、收集群众意见建议的重要渠道，群众可通过市长信箱对市各级政府及其职能部门的工作提出意见和建议。

二、供电公司各部门市政平台业务分工

供电服务指挥中心： 负责市政平台工单的统一签收、研判、派发、审核、回复工作。

地市营销部、运检部、配网办等相关业务部门：负责指导和审核本专业范围内的工单的回复，对回复信息不明确的工单进行二次审核并解释说明。

县公司营销部、运检部、配网办等相关业务部门：负责接收专业管理范围内供电服务指挥中心下派的辖区内工单，及时处理、审核、回复。

三、供电公司市政平台业务流程

市民通过市政热线、市长信箱等形式向各地市市政平台反映相关问题，市政平台根据问题类型生成和派发工单，供电服务指挥中心可通过退单、自行处理、转派下级单位处理三种方式，并在规定时间内回复工单至市政平台，市政平台根据回复内容回访市民。闭环处置流程如图3-22所示。

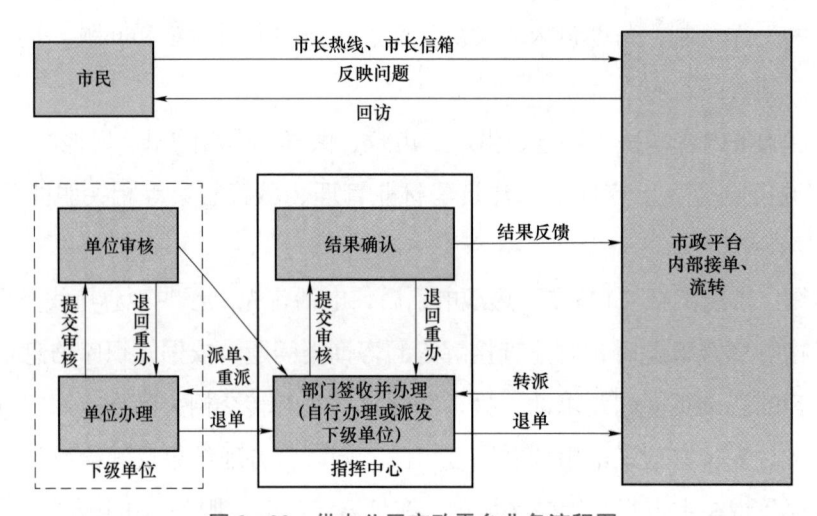

图3-22 供电公司市政平台业务流程图

供电服务指挥中心主要负责市政平台业务的工单签收，抢修处理、审核、回复工单以及办理延期申请。

1. 工单签收

供电服务指挥中心在市政平台代表下派工单后完成签收或退单，对并非供电部门职责可退单，回退市政平台的描述应简洁、准确，协助市政平台二次准确派单。市政工单签收界面和退单界面如图3-23和图3-24所示。

图 3-23 市政工单签收界面

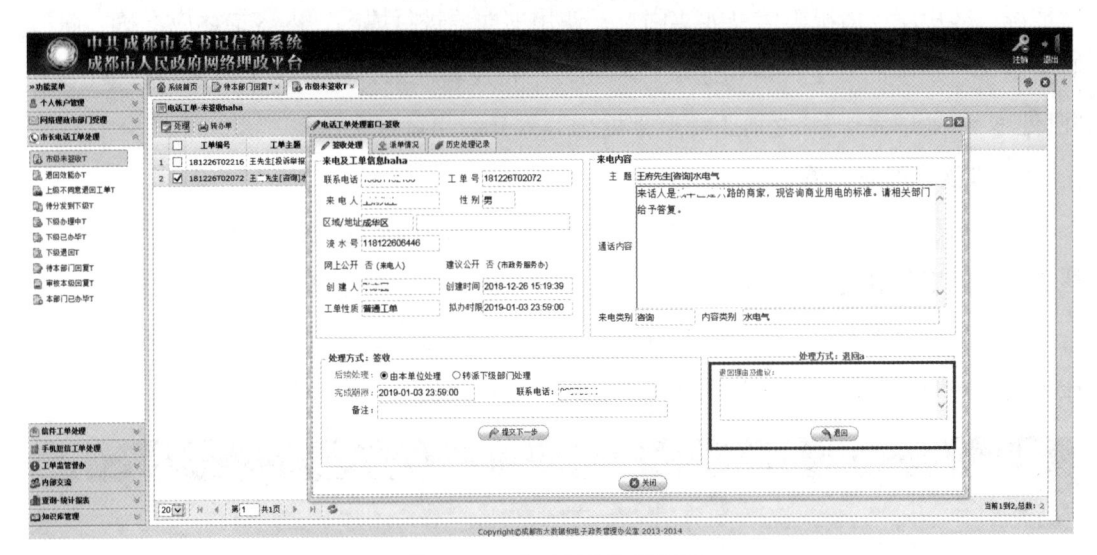

图 3-24 市政工单退回界面

供电服务指挥中心对本中心业务范围内的工单予以直接回复,不能直接回复的根据工单责任部门下派各公司或各县公司的营销部、运检部。对于不能直接回复的工单,由指挥中心转办,如图 3-25 所示。市政热线工单不允许合并。

2. 抢修处理

各县公司营销部、运检部接收到供电服务指挥中心下派的市政工单后,若单位派发错误、反映故障设备为第三方产权或客户内部产权,非供电公司产权等原因,可写明原因退回供电服务指挥中心。若为本单位供电公司产权,应尽快安排相关人员处理,与来话人或来信人联系,处理完毕后回复工单。在回复工单时,将联系客户的情况、具体处

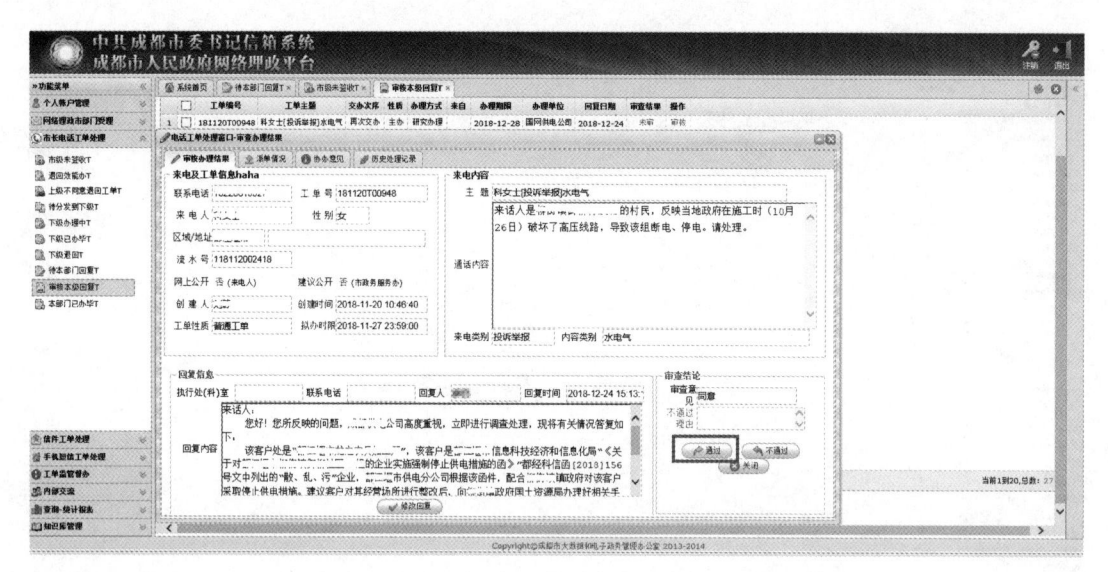

图 3-25 指挥中心派单

理情况、客户反馈情况等信息如实回复；使用书面语进行填写，内容描述应准确、简洁，避免错字、别字的发生；语句通顺、流畅，结构逻辑性强，避免产生歧义句；禁止采用"已处理""处理完毕""之前工单全部处理"等笼统回复方式。

3. 审核、回复工单

县公司营销部、运检部将回复的工单发送至相应地市营销部、运检部进行审核，审核不通过的工单退回重新处理或回复，审核通过发送至供电服务指挥中心。

供电服务指挥人员审核地市营销部、运检部审核通过的工单，如图 3-26 所示，审核不通过将原因回退抢修人员重新回填，审核通过提交至市政平台。

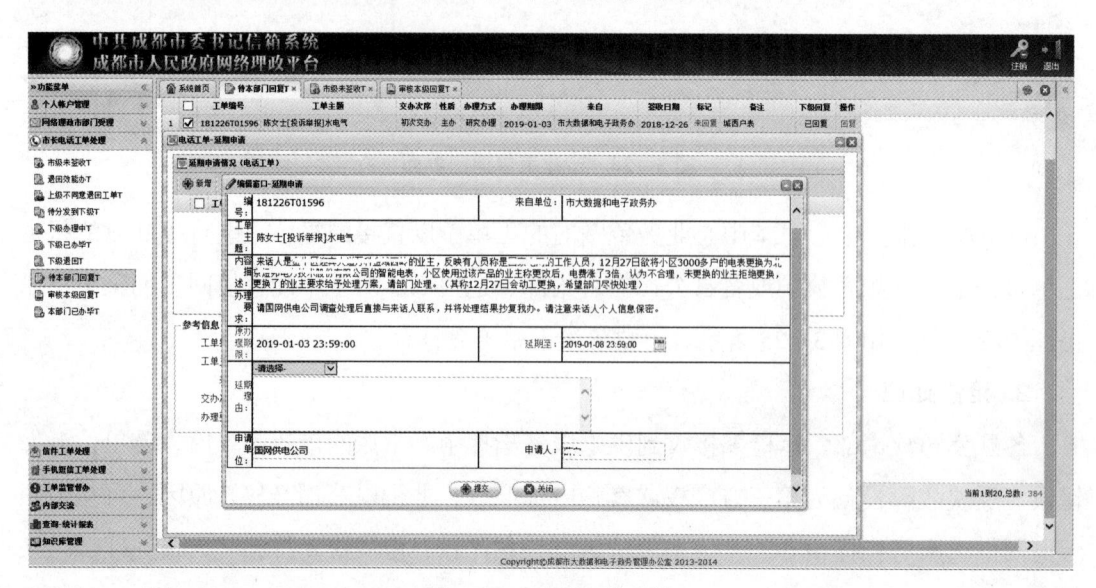

图 3-26 市政工单审核

4. 延期申请

由于特殊情况，无法在规定时间内回复的工单，供电服务指挥中心需要在市政平台进行延期，如图 3-27 所示。

图 3-27　市政工单延期申请

四、工单退回模板

（1）抢修现场检查确认为第三方产权设备，退单时写明：经现场核实此处电力设施非供电公司所属，为××部门运维，请转相关部门核实。

（2）抢修现场检查确认为客户内部产权设备故障，退单时写明：来话人反映的线路问题属于客户内部产权的设备故障，供电公司无权处理，建议转社区管理部门核实处理。

五、工单回复模板

供电服务指挥中心回复市政平台模板：

（1）有停电信息且已恢复供电的故障，回单时写明：经核实，该处因供电线路（设备）故障引起的停电，经工作人员的紧急抢修，已恢复线路供电。给您带来的不便，感谢您的理解！

（2）负荷转供后客户内部故障，回单时写明：经核实，为了保证配电网络的稳定运行，该处线路于××月××日××时××分进行了负荷转供操作，该操作的完成需短暂停电。工作完毕后，于××月××日××时××分恢复线路正常供电，来话人小区是由于内部供电设备问题造成的延迟送电。

（3）计划检修工作，回单时写明：经核实，该片区因××工作进行计划性停电，工作结束后已恢复线路供电，供电公司对停电区域内的所有单位及小区都提前发布了停电通知。

（4）客户产权故障，回单时写明：经核实，该处为客户产权的专用线路，因客户产权的内部设备故障引起的停电，并非供电公司责任原因。由于故障设备非供电公司产权，由客户自行委托具备资质的单位进行抢修处理，现已恢复线路正常供电。

六、市政工单工作要求

（1）在市长信箱类工单中如"转办情况"栏备注为"呈批至市级领导信箱"的工单，各部门必须积极配合并在期限内处理并回复。工单需在 5 个工作日内处理并回复。

（2）除涉及单纯反映停电的工单，停电原因明确且已恢复的情况，可以直接文字答复，不进行电话联系外，其余工单办理需与来话人或来信人取得电话联系，并做好解释答复。

（3）下派的工单，相关部门需及时进行签收、处理，并尽快与来话人或来信人电话联系，将处理结果进行提交回复。

（4）各公司相应专业班组在回复时，将联系客户的情况、具体处理情况、客户反馈情况等信息如实回复。禁止采用"已处理""处理完毕""之前工单全部处理"等笼统回复方式。

七、市政平台工单处理流程

市政平台工单处理流程图如图 3-28 所示。

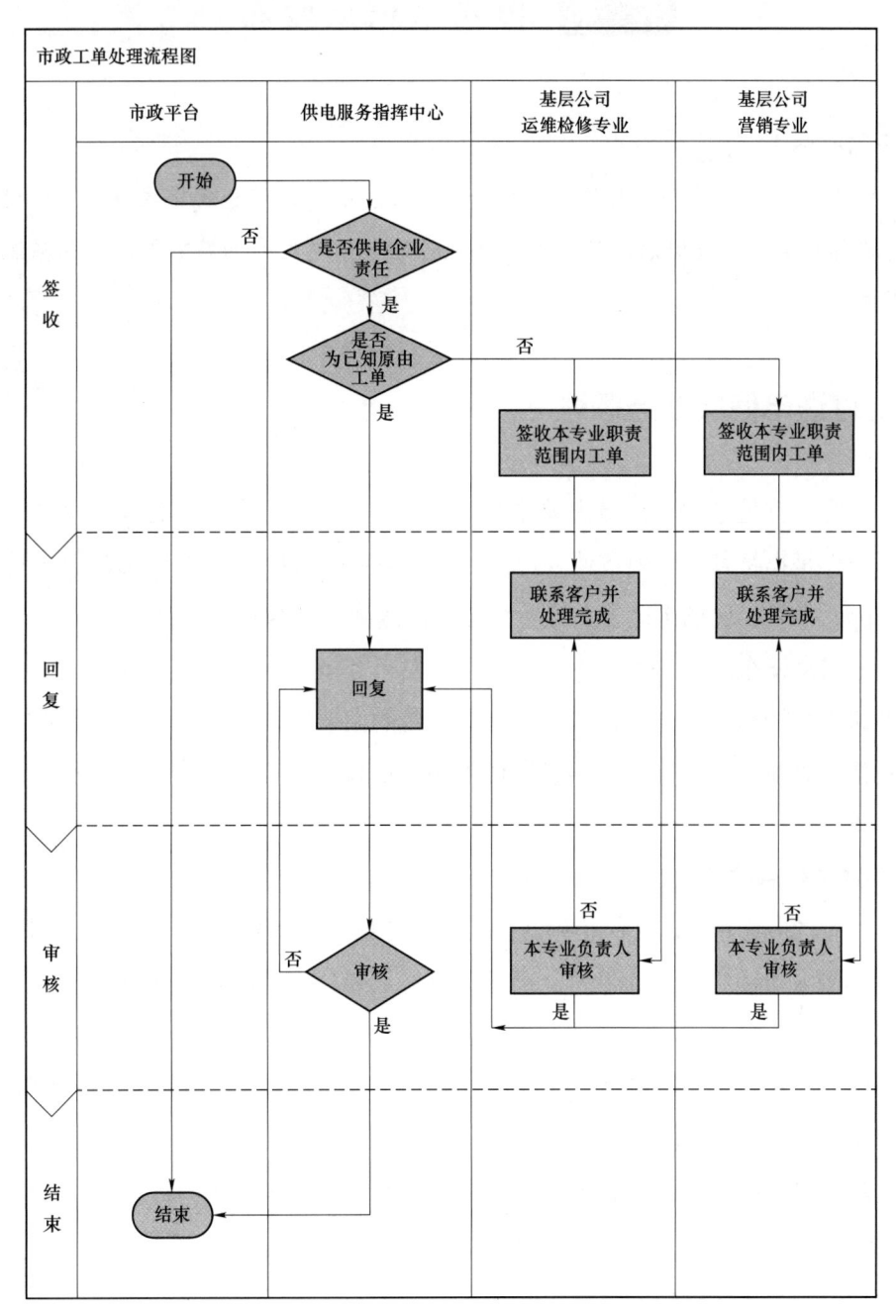

图 3-28　市政工单处理流程图

第三节 停送电信息发布

> **【小节描述】**
> 本小节详细介绍了停送电信息的概念、定义、报送渠道和发布渠道、报送规范和流程、操作指南。通过概念描述，整体掌握停送电信息发布的基本概念、业务流程和规范要求。

一、停送电信息业务概述

停电问题一直是电力客户最为关注的敏感问题，也是客户投诉的焦点问题。停送电信息报送工作是指将各类原因致使客户正常用电中断的信息，通过 95598 服务网站、掌上电力 App、报纸、现场送达告示等各种方式传达到用电客户。

停送电信息发布涉及收集、编译、报送、发布等多个环节，涉及营销、调度、运检等多专业班组协同完成，其中供电服务指挥平台的主要职责是负责做好本专业管理范围内故障抢修信息及生产类停送电信息编译工作，汇总报送本单位故障抢修信息及生产类停送电信息。

1. 停送电信息的定义

95598 停送电信息（以下简称停送电信息）是指因各类原因致使客户正常用电中断，需及时向国网客服中心报送的信息。停送电信息主要分为生产类停送电信息和营销类停送电信息。生产类停送电信息包括计划停电、临时停电、电网故障停限电、超电网供电能力停限电等；营销类停送电信息包括违约停电、窃电停电、欠费停电、有序用电等。

2. 停送电信息的报送渠道

公变及以上设备的停送电信息，可以通过智能化供电服务指挥中"停送电信息管理"功能模块报送。生产类停送电信息和营销类有序用电信息通过"停送电信息管理"功能或配网故障研判技术支持相关系统报送。

3. 停送电信息的发布渠道

（1）国家电网 95598 智能网站，其首页和停电公告查询页如图 3-29 和图 3-30 所示。

图 3-29　国家电网 95598 智能网站主页

图 3-30　国家电网 95598 智能网站停电公告查询界面

（2）"掌上电力"App"停电公告"专栏查询，如图 3-31 所示。

图 3-31　"掌上电力"App"停电公告"专栏查询界面

（3）通过当地发行量较大的报刊发布月度计划停电信息，如图3-32所示。

（4）属地公司营销市场班或网络化的客户经理通过现场送达、传真、微信等方式将停电通知书告知物业或街道办，如图3-33所示。

图3-32　报刊发布月度计划停电信息界面

图3-33　计划停电通知书

（5）通过当地政务相关网站或电视台、微信号等多种手段进行公告，如图3-34所示。

图3-34　当地政务相关网站显示停电检修计划示例

（6）市政微信公众号、微信小程序等新媒体渠道，微信查询停电信息首页和查询页如图 3-35 所示。

(a)　(b)

图 3-35　市政微信查询停电信息界面
(a) 首页；(b) 查询页

（7）通过短信、微信等新媒体渠道快速将停电信息传到用户。微信通知和短信通知用户如图 3-36 和图 3-37 所示。

图 3-36　微信通知用户截图　　　　图 3-37　短信通知用户截图

（8）IVR 95598 热线互动式语音应答。

随着社会科技进步的发展，如何将停电信息，包括变更、取消信息，故障抢修实施进度等信息，通过各种多媒体渠道及时准确传达到用电客户是各级供电公司正在进一步研究的领域，本书将不做过多探讨。

二、停送电信息报送规范及流程

1. 停电信息报送内容

生产类停送电信息应填写的内容主要包括供电单位、停电类型、停电区域（设备）、停电范围、停送电信息状态、停电计划时间、停电原因、现场送电类型、停送电变更时间、现场送电时间、发布渠道等信息。

（1）停电类型：按停电分类进行填写，主要包括计划停电、临时停电、电网故障停限电、超电网供电能力计划停限电、超电网供电能力临时停限电等类型。

（2）停电区域（设备）：停电涉及的供电设施（设备）情况，即停电的供电设施名称、供电设施编号、变压器属性（公变/专变）等信息。

（3）停电范围：停电的地理位置、涉及的高危及重要客户、专变客户、医院、学校、乡镇（街道）、村（社区）、住宅小区等信息。

（4）停送电信息状态：分有效和失效两类。

（5）停电计划时间：包括计划停电、临时停电、超电网供电能力停限电开始时间和预计结束时间，故障停电包括故障开始时间和预计故障修复时间。

（6）停电原因：指引发停电或可能引发停电的原因。

（7）现场送电类型：包括全部送电、部分送电、未送电。

（8）停送电变更时间：指变更后的停电计划开始时间和计划送电时间。

（9）现场送电时间：指现场实际恢复送电时间。

（10）发布渠道：停送电信息发布的公共媒体。

2. 时限规定

（1）计划停电信息。供电设施计划检修停电应提前 8 天。

（2）临时性停送电信息。临时性日前停电应提前 24 小时，其他临时停电应提前 1 小时完成停送电信息报送工作。

（3）故障停送电信息。

1）配电自动化系统覆盖的设备跳闸停电后，营配信息融合完成的单位，地市供电服务指挥中心应在 15 分钟内向国网客服中心报送停电信息。

2）营配信息融合未完成的单位，各部门按照专业管理职责 10 分钟内编译停电信息报地市供电服务指挥中心，供电服务指挥中心应在收到各部门报送的停电信息后 10 分钟内汇总报送国网客服中心。

3）配电自动化系统未覆盖的设备跳闸停电后，应在抢修人员到达现场确认故障点后，各部门按照专业管理职责 10 分钟内编译停电信息报送地市供电服务指挥中心，供电服务指挥中心应在收到各部门报送的停电信息后 10 分钟内汇总报送国网客服中心。

4）故障停电处理完毕送电后，应在 10 分钟内填写送电时间。

（4）超电网供电能力停送电信息。超电网供电能力需停电时，原则上应提前报送停限电范围及停送电时间，无法预判的停电拉路应在执行后 15 分钟内报送停限电范围及停送电时间。现场送电后，应在 10 分钟内填写送电时间。

（5）停送电信息变更。停送电信息内容发生变化后 10 分钟内，地市供电服务指挥中心应向国网客服中心报送相关信息，并简述原因；若延迟送电，应至少提前 30 分钟向国网客服中心报送延迟送电原因及变更后的预计送电时间。

（6）营销类停电信息。

1）对客户因窃电、违约用电、欠费等原因实施的停电，地市、县供电企业营销部门应及时在营销业务应用系统中维护停电标志。

2）省公司按照省级政府电力运行主管部门的指令启动有序用电方案，提前 1 天向有关用户发送有序用电指令。同时，以省公司为单位将有序用电执行计划（包括执行的时间、地区、调控负荷等）报送国网客服中心。

3. 停电信息报送流程图

生产类停送电信息报送流程图如图 3-38 所示。

4. 停电信息操作指南

具体操作步骤说明如下。

（1）发布停电信息。停电信息发布页，如图 3-39 所示。

注意事项：填写停电类型、停电开始时间、停电结束时间、停电范围、停电区域、停电原因。星号部分均为必填项，否则无法提交。录入要求：

1）停电区域应填写停电电气设备的范围，所涉及的变电站名称、线路编号、线路名称、公变编号、公变名称等信息。

2）停电范围应填写停电的地理位置、涉及的重要客户、住宅小区、大型企事业单位、医院、学校、街道、行政村等信息。如不涉及重要客户时，仍需填写地理位置信息，并且保证地理位置信息包含区县、乡镇、街道或村社名。

3）故障停电不能只录入"线路故障"；计划停电不能只录入"计划检修""电网检修"，需要简单地描述一下故障、计划检修原因。

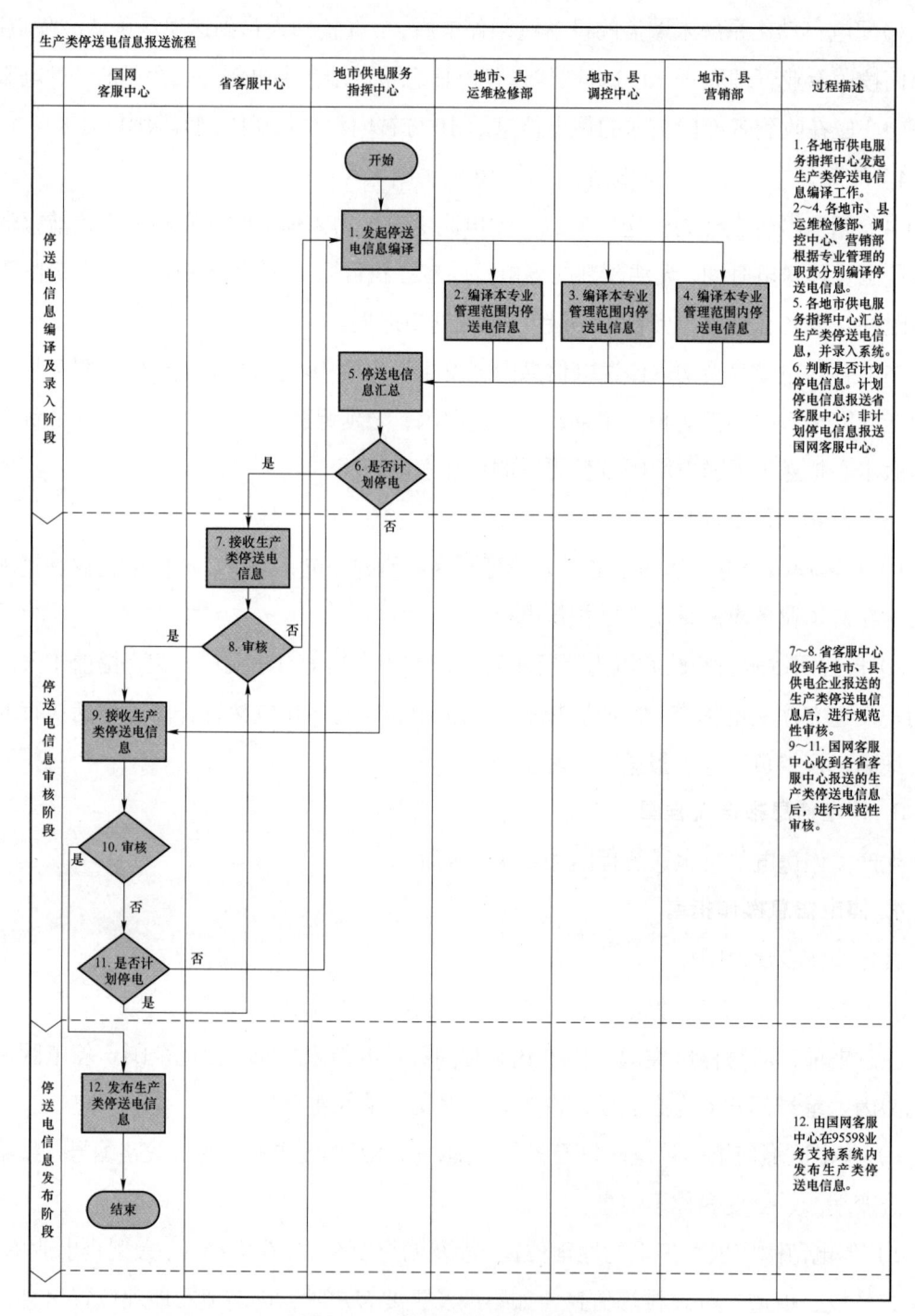

图 3-38 停送电信息报送流程图

例如：

计划停电原因：10kV 母线侧刀闸消缺，线路清扫消缺。

故障停电原因：地铁施工外力破坏造成××线路跳闸。

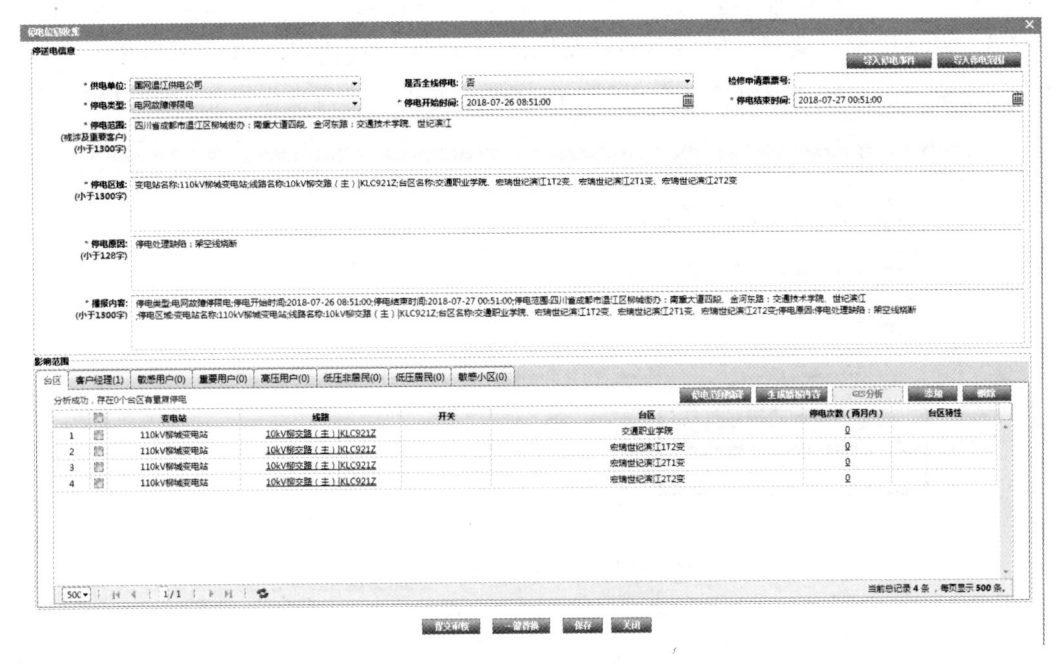

图 3-39 停电信息发布界面

（2）取消计划、临时停电信息。当接到调度通知计划或临时停电撤销时，应及时在系统内选择"停电变更"，变更类型为"撤销"，并注意在"停电原因"一栏注明撤销原因，如图 3-40 所示。

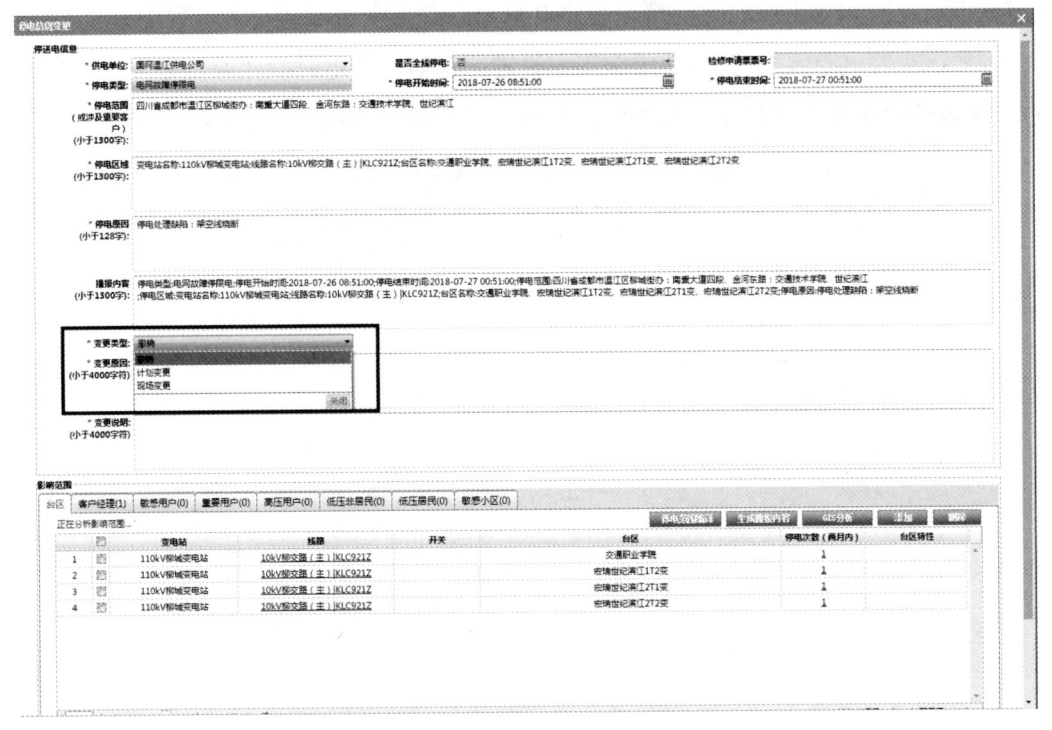

图 3-40 停电信息取消界面

（3）停送电信息变更。停送电信息变更指因各种原因引发的停电信息时间、范围、区域等变更。需选择"停电信息变更"中的"计划变更"进行操作，如图3-41所示。

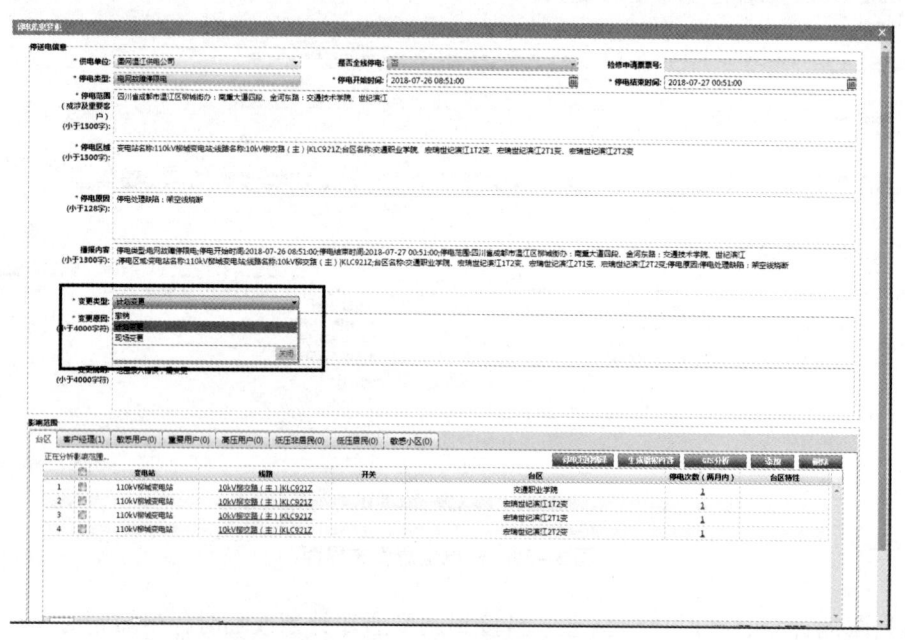

图3-41 停电信息变更界面

注意事项：计划停电时间变更，因变更后国网客户服务中心无法查询到原计划时间，故需要把原时间和变更后的时间都写进停电原因里供国网客服中心查询解释。

例如：在停电原因中写明："因施工安排进行调整，停电时间由原计划7月28日7点至18点调整至8月1日7点至18点。"变更时间录入界面如图3-42所示。

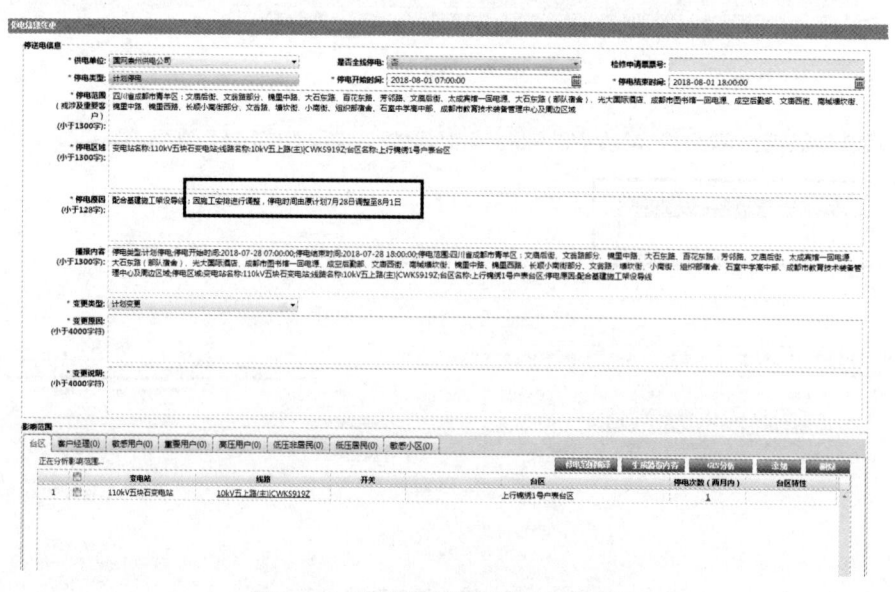

图3-42 停电信息变更时间录入界面

(4）送电信息录入。

现场送电时间：指现场实际恢复送电时间。

现场送电时间要求：现场送电后，应在 10 分钟内填写送电时间。需选择"停电信息变更"中的"现场变更"进行操作。

现场送电类型分为全部送电、部分送电、未送电三种类型。送电信息录入界面如图 3-43 所示。

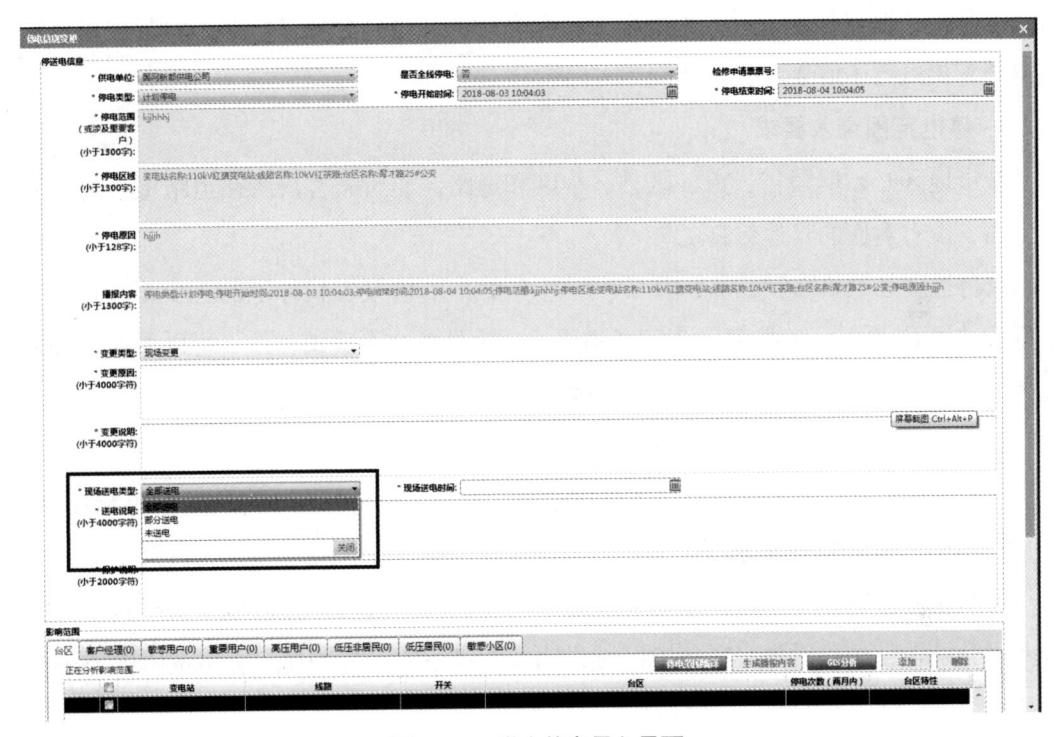

图 3-43 送电信息录入界面

三、停送电信息报送要点

1. 故障停电初次预计停电结束时间要求

上报停电内容时必填停电结束时间，对于故障停电来说指的是预计送电时间。一般情况下，能够预计送电时间的按照现场人员上报的预计时间填写，不能预计的按照当地默认值初次填写，能够预计送电时间时再进行变更。对于无法预计送电时间的，默认时间一般为 12 小时、24 小时等。

因目前对外发布的停电信息用户只能查看预计送电时间，不能查看现场送电时间，停电时间过长有一定舆情风险。

2. 停电原因录入要求

停电原因不能只填写"计划停电""故障停电""临时停电"等，应填写导致客户正常用电中断的原因（对停电作业简单描述）。对于录入故障停电信息时故障原因无法明确的，可以在核查到故障原因后进行补充完善，不能等到故障恢复后还未写明具体停电原因。

3. 停电区域录入要求

停电区域中变电站名称、线路名称、变压器属性信息（专变/公变）需填写清楚。若台区名称与公变名称不一致，需要填写台区名称。若单独公变停电必须填写公变名称，线路全部停电可不填变压器属性。

4. 停电范围录入要求

城市地区必须填写省、市、区县、小区和道路，非居民客户所在道路（不能单独填写道路，没有对应的其他信息）。

农村地区必须填写省、市、区县、街道（乡镇），涉及农村停电的至少要填到停电最小行政"居委（村）、组"级、小区或道路（如果是整个乡或镇停电，可以录入"××镇或××乡全部停电"的字样，可以不具体到村组）。

5. 过境线路的停电要求

涉及的地市、县公司应分别录入停电信息，并统一停电原因、停电时间等解释口径。

6. 专线专变的停电要求

按照业务管理办法专线、专变的停电不需要录入停电信息，但地市从拦截工单的角度考虑会录入，录入后务必在停电区域说明故障设备的产权归属，停电范围内务必说清楚客户自行处理故障的相关情况。

【示例1】专线专变停送电信息录入示例如图3-44所示。

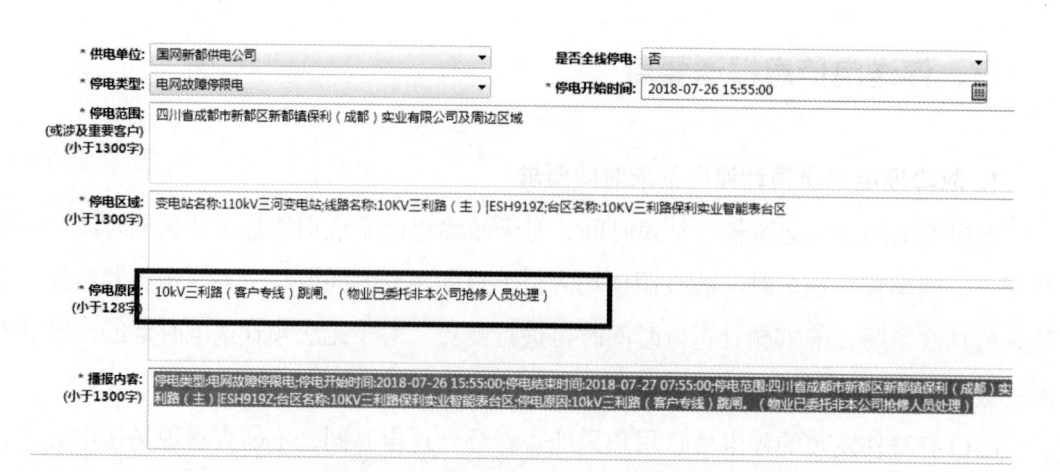

图3-44 专线专变停送电信息录入示例

7. 延迟送电

（1）对于已发布的停电信息，若在已发布的停电结束时间未能正常送电，需及时在系统中做出变更，录入延迟送电原因。变更几次需要把每次变更的原因都进行记录。

延迟送电的停电原因记录模板：具体停电原因+停电信息变更原因。

【示例 2】××故障。因××原因，停电计划结束时间由××月××日××：××变更至××月××日××：××。

（2）对于确实需要延迟送电的停电信息，尽可能做到准确预计延迟送电时间，减少变动次数，避免因为多次变更，给客户造成不好感知。

（3）对于计划停电时间变更的，也需要在系统中进行记录。

【示例 3】计划停电原因：××检修。因××原因，停电计划由××月××日××：××至××月××日××：××变更至××月××日××：××至××月××日××：××。

8. 部分送电

如遇到"故障隔离，其余部分恢复送电"的情况：

在相关系统中采用"计划变更"—"现场变更"—"部分送电"的步骤，停电范围保持不变，在"停电原因"一栏中录入隔离用户目前处理情况及剩余停电范围。但"部分送电"操作后必须进行"全部送电"操作，此条停电信息才算处理完毕，如不再操作"全部送电"将被记录为不合格停电信息，注意做好记录。

【示例 4】部分送电录入示例如图 3-45 所示。

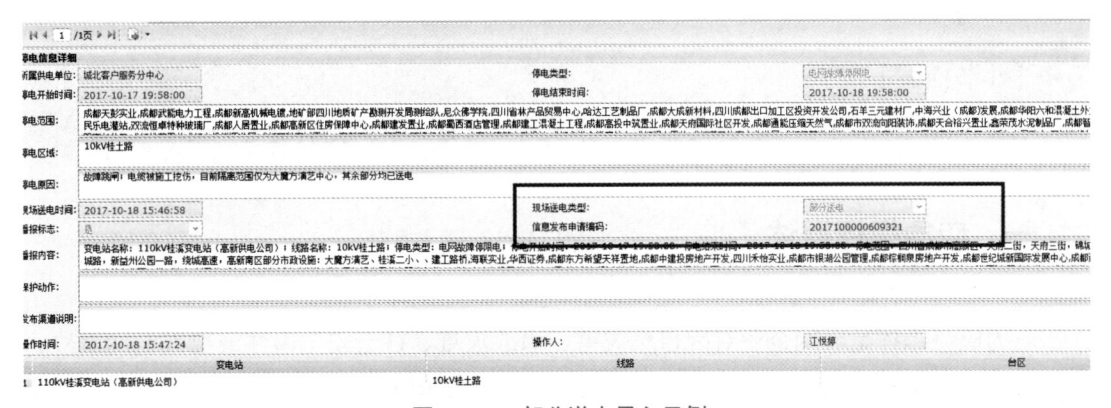

图 3-45　部分送电录入示例

如无法确定隔离用户范围可暂时不变更信息，待现场人员确定隔离范围后进行"部分变更"操作。

9. 停电信息涉及报修工单

涉及停电信息的，需记录停电信息编号，并确保该条停电信息的停电区域里包含此工单的地址。

工单需匹配停电信息。工单地址与停电信息地址应匹配，如客户报修地址错误，在工单回单时应写明客户真实地址；若客户地址为极小的地址，无法加入停电信息的可暂时不添加；若客户地址为大地址，应修订停电信息。

四、停电信息线下报备机制

当遇到大面积停电、自然灾害停电等可能造成 95598 报修、咨询工单激增或引发优质服务事件，需要紧急报备的情况，应及时向国网客服中心和省客服中心报备。

报备内容模板 1：××市××县由于雷暴雨天气原因，于 2018 年××月××日××点××分发生故障停电，停电信息编号为：××××××，预计恢复时间为××点××分，现场正在全力抢修中。特此报备，请求拦截工单。

报备内容模板 2：××市××县由于高温天气负荷过重，于 2018 年××月××日××点××分，发生超电网供电能力停送电。预计将于×点××分恢复供电，停电信息编号为：××××××，特此报备，请求拦截工单。

第四节 应急指挥

➡【小节描述】

本小节介绍了各部门在应急指挥业务上的职责分工和应急工作原则。

一、应急指挥概述

电力应急指挥是电网企业对因自然灾害、事故灾难、社会安全事件或重大电网事故、信息安全重特大事故等而导致的电网生产经营遭受重大影响、大量电网设施损毁、大面积停电等严重问题进行综合应急处置。在应急处理的过程中需要同时对各地点、各时段、各支撑子系统传送的各种形式的信息进行采集、整理，为指挥人员进行科学的决策和指挥提供依据，并将指挥命令准确、快速地传达到抢险人员。

为了确保公司各类突发事件信息出口的统一性和快速性，规范各类突发事件的信息上报及处理流程，进一步完善应急体系，最大限度地预防和减少突发事件及其造成的损失和影响，保证公司正常生产经营秩序，供电服务指挥中心开设应急指挥业务。主要负责公司应急信息的收集、整理及上报，应急预案的日常修编，应急预警信息及命令的发布和国网公司应急系统应用等工作。

根据应急管理工作的职能和特点，应急指挥中心技术支持系统至少应包括视频会议功能、视频监控功能、语音指挥调度功能、辅助决策功能。

各部门职责为：

供电服务指挥中心：负责贯彻落实公司客户应急指挥管理制度、标准、流程及省公司发布的实施细则。负责对社会舆情普遍关注。负责收集汇总上级单位、政府部门、95598、公司各业务部门及各基层单位的突发事件信息，并按照要求进行信息传递，派发客户应急指挥工单至相关单位。

地、县营销部、运检部、调控中心：负责自身业务范围内客户应急指挥工作归口管理。若遇到突发事件，应密切关注势态发展，掌握各基层单位先期处置效果，并按照职责分工做好协调处置工作。

二、突发事件分级与类别

突发事件是指突然发生，造成或者可能造成严重社会危害，需要采取应急处置措施予以应对的自然灾害、事故灾难、公共卫生事件和社会安全事件。按照社会危害程度、影响范围等因素，上述突发事件分为特别重大、重大、较大和一般四级。分级标准执行国家相关规定，国家无明确规定的，由公司相关职能部门在专项应急预案中确定，或由公司应急领导小组研究决定。

（1）自然灾害。主要包括水旱灾害、气象灾害、地震灾害、地质灾害、生物灾害和火灾等。

（2）事故灾难。主要包括安全事故、交通运输事故、设施和设备事故、环境污染和生态破坏事件等。

（3）公共卫生事件。主要包括传染病疫情、群体性不明原因疾病、食品安全和职业危害、动物疫情以及其他严重影响公众健康和生命安全的事件。

（4）社会安全事件。主要包括恐怖袭击事件、民族宗教事件、经济安全事件、网络信息安全事件、涉外突发事件和群体性事件等。

各类突发事件往往是相互交叉和关联的，某类突发事件可能和其他类别的事件同时发生，或引发次生、衍生事件，应当具体分析，统筹应对。

1. 自然灾害突发事件

（1）供电区域内发生的雨、雪、冰、风、雷、浓雾等特殊天气，地震、洪涝、山火以及各自然灾害等，因上述灾害发生下列事件：

1）公司范围内有员工轻伤及以上事件；

2）造成一个及以上乡镇停电事件；

3）35kV 及以上变电站全站停电；

4）主城区一个及以上 10kV 开关站全站停电；

5）35kV～220kV 输电线路倒塔断线 1 处及以上；

6）10kV 配电线路倒杆断线 2 处及以上，10kV 配电变压器、箱式变压器、环网柜等配电设施停电、损坏 3 处及以上。

（2）可能对电网安全、供电安全产生影响的严重灾害性雨、雪、冰、浓雾、大风、雷等特殊天气，4 级以上地震、对电力设施影响较大的山洪、滑坡、泥石流等地质灾害事件（县、区及以上气象部门发布橙色及以上预警的）。

（3）公司应急预案要求上报的预警启动、响应启动等信息。

2. 安全稳定突发事件

治安突发事件、围攻变电站和供电营业场所、恐怖袭击事件、电力设施外力破坏以及其他严重影响公司安全稳定的事件。

3. 新闻突发事件

影响公司形象、声誉的重大事件，以及与公司有关的、引起公众和新闻媒体关注或曝光的事件。

三、应急指挥工作原则

1. 以人为本，减少危害

在做好企业自身突发事件应对处置的同时，切实履行社会责任，把保障人民群众和公司员工的生命财产安全作为首要任务，最大程度减少突发事件及其造成的人员伤亡和各类危害。

2. 居安思危，预防为主

坚持"安全第一、预防为主、综合治理"的方针，树立常备不懈的观念，增强忧患意识，防患于未然，预防与应急相结合，做好应对突发事件的各项准备工作。

3. 统一领导，分级负责

落实党中央、国务院的部署，坚持政府主导，在公司党组的统一领导下，按照综合协调、分类管理、分级负责、属地管理为主的要求，开展突发事件预防和处置工作。

4. 把握全局，突出重点

牢记企业宗旨，服务社会稳定大局，采取必要手段保证电网安全，通过灵活方式重点保障关系国计民生的重要客户、高危客户及人民群众基本生活用电。

5. 快速反应，协同应对

充分发挥公司集团化优势，建立健全"上下联动、区域协作"快速响应机制，加强与政府的沟通协作，整合内外部应急资源，协同开展突发事件处置工作。

6. 依靠科技，提高能力

加强突发事件预防、处置科学技术研究和开发，采用先进的监测预警和应急处置装备，充分发挥公司专家队伍和专业人员的作用，加强宣传和培训，提高员工自救、互救和应对突发事件的综合能力。

四、业务流程

应急指挥业务流程分为信息上报流程、突发事件预警流程及应急响应流程。

1. 信息上报流程

信息上报流程如图 3-46 所示。各单位应急信息报送人员在得到各类突发事件信息后，必须立即将情况报送本单位应急管理人员。应急管理人员及时向本单位分管领导进行汇报，并立即通知相关职能部门人员到现场进行处置，随时掌握事件处置进度。基层分管领导对事件性质、类别、影响大小进行甄别后报本单位主要领导，在确定事件性质和报送内容后下达指令给信息员。信息员根据指令迅速报送公司应急指挥中心值班室和属地政府应急管理部门，并接受公司应急指挥中心和地方应急管理部门的指令。

调度值班人员在电网发生突发事件时，应及时向本部门领导汇报，采取应对措施；向公司应急指挥中心应急人员报送事件发展情况。

95598 热线值班员在得到突发应急事件的电话后，了解事件发生的地点、时间、现状后，及时向公司应急指挥中心应急人员报送。

在接到基层单位、调度、95598 值班热线等突发事件信息报告后，应立即将情况报告应急办公室应急管理专责，应急管理专责对事件进行分析、甄别，及时向应急办公室领

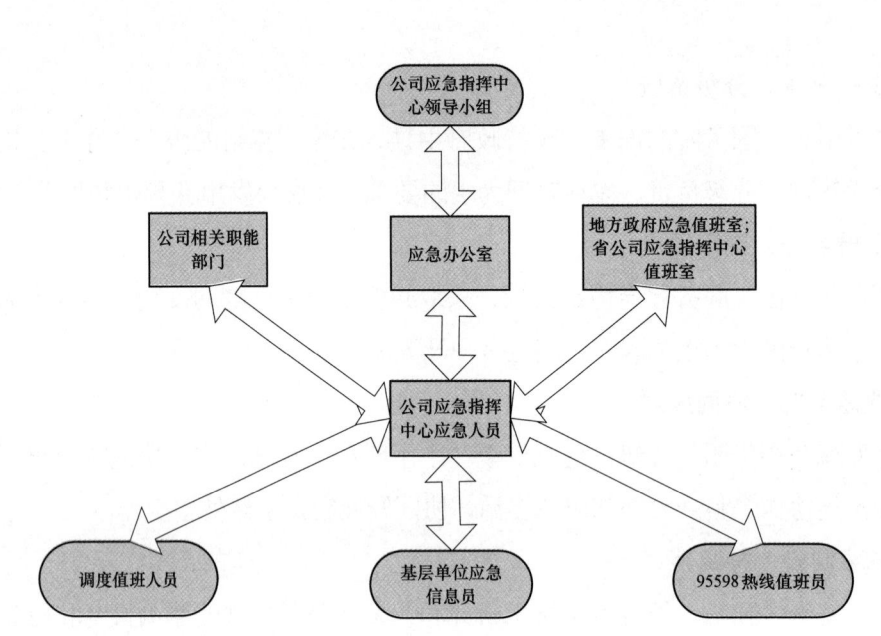

图 3-46 应急信息上报流程

导报告,并立即传达指令给应急人员通知相关职能部门到现场进行处置,随时掌握现场处置情况。应急办公室领导对事件情况进行再次甄别、分析,根据事件的大小、性质、影响范围以及可能出现的后果进行综合分析判断,重大事件立即向分管领导进行汇报,分管领导接到事件信息报告后,根据事件性质的严重性向公司应急指挥中心指挥长汇报,按照指挥长的指示及时将指令通过应急办公室向应急值班人员进行传达,应急值班人员根据指令分别向省公司应急值班室、地方政府应急值班室等相关部门报告事件情况。

2. 突发事件预警流程

根据气象信息、政府职能部门预警、省公司预警信息及基层单位上报信息启动突发事件预警流程,流程图如图3-47所示。

由应急指挥中心汇总分析收集到的突发信息,判断是否达到公司层面的预警启动条件,如未达到则不启动预警流程,如达到则启动预警,发布预警信息。

发布预警信息后应急指挥中心收集信息、开展相关准备工作,各职能部门按职责开展预警准备工作,基层单位开展预警准备工作。应急指挥中心汇总信息并分析事件发展趋势,动态发布应急响应。

3. 应急响应流程

在突发事件发生以后,公司接受报告后汇总分析,由指挥长根据具体情况决定是否启动公司层面应急响应。应急响应流程如图3-48所示。启动应急预案后,向上级部门

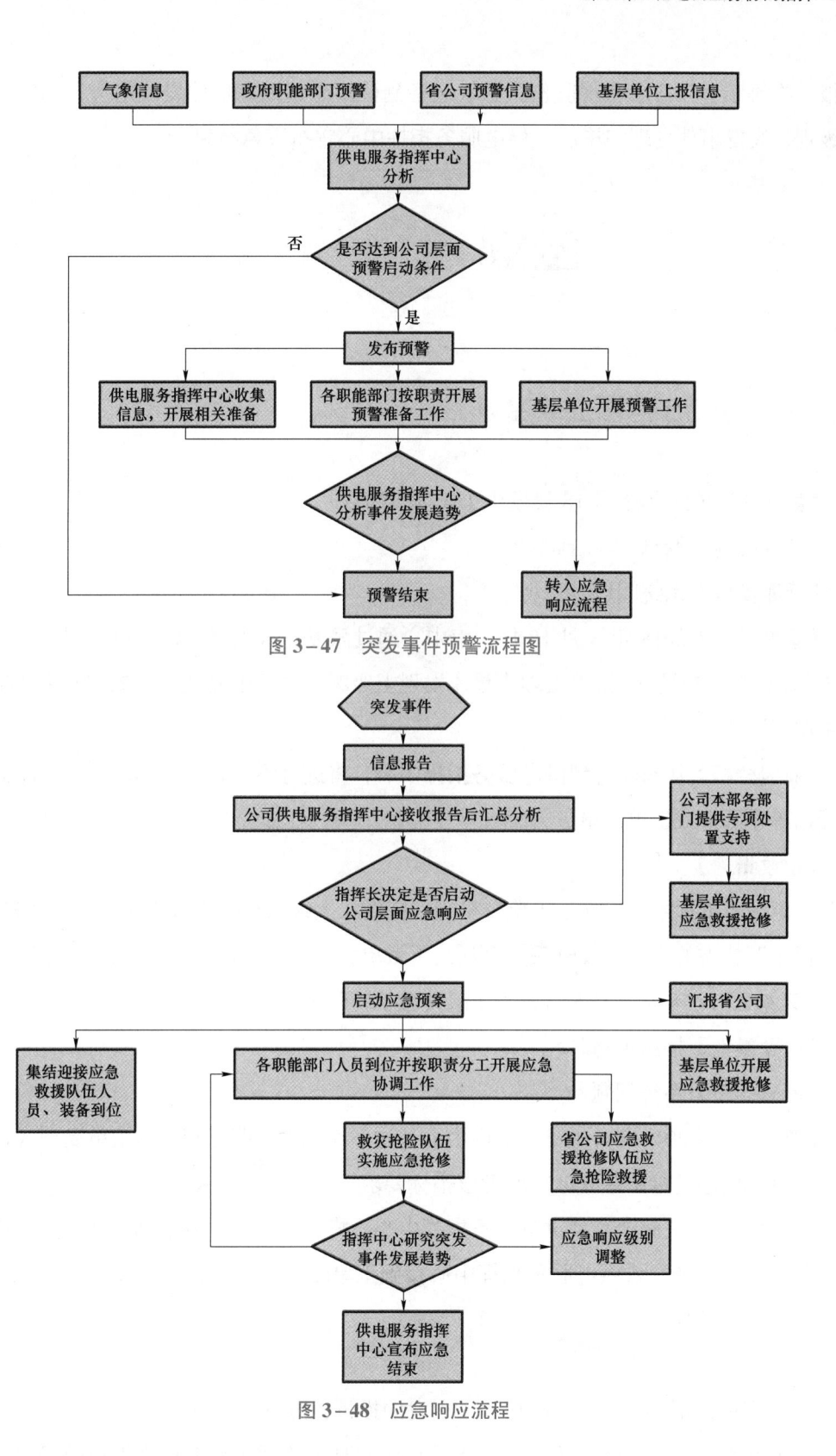

图 3-47 突发事件预警流程图

图 3-48 应急响应流程

汇报并将集结迎接应急救援队伍人员、装备到位。时刻跟踪事件发展趋势，相应调整响应级别，突发事件处理完毕后，供电服务指挥中心宣布应急结束。

第五节 典型案例

一、95598抢修工单案例

【案例1】2018年3月18日发生1起漏单事件。

【问题类别】漏单

【问题类型】系统问题

【事件过程】2018年3月18日，南中心通过派发一张工单，但工单受理人员未接到此工单，直至用户投诉，工单受理人员才发现上级派单系统中的此工单的状态为"省（市）接单派工"。

【原因分析】从南中心到供电服务指挥中心，将进行不同系统之间流转，可能会因系统接口等原因造成工单漏单。

【整改措施】

供电服务指挥中心建立工单检查机制，定期在上级系统中查询工单，若为"省（市）接单派工"状态的工单应及时采用电话线下派单，避免工单漏单，引发催办和投诉。

【案例2】2018年4月5日发生1起接派单超时事件。

【问题类别】接派单超时

【问题类型】系统问题

【事件过程】2018年4月5日，南中心通过系统派发一张工单，但工单受理人员接到此工单时，已超过接派单3分钟的考核指标要求。

【原因分析】从南中心到供电服务指挥中心，将进行不同系统之间流转，某一系统出现任何问题均可能导致供电服务指挥中心接到工单时就已超时，或将接到工单时间反馈南中心时造成延时。

【整改措施】

（1）搜集证据，在系统故障情况下引发的投诉，可发起申诉。

（2）在系统问题的情况下，指挥人员接到超时工单后应督促抢修人员做好优质服务工作，避免连锁的到达现场超时。

【案例3】2018年8月31日发生多起接派单超时事件。

【问题类别】接派单超时

【问题类型】工单量突增

【事件过程】2018年8月31日，南中心同时派发多张工单，工单受理人员同时接收多张工单，导致部分工单接派单超时。

【原因分析】工单量突增，且工单到达时间比较集中，造成工单受理员接派单工作压力突然增大。

【整改措施】

（1）增强值班力量，加强应急值班管理，强化工单受理员的业务培训，提高接派单效率。

（2）确认为同一停电线路或同一停电范围内的工单迅速合并。

（3）搜集证据，在工单量突增情况下可发起申诉。

【案例4】2018年7月22日发生1起抢修超时事件。

【问题类别】抢修超时

【问题类型】人员责任心问题

【事件过程】2018年7月22日，抢修人员接到1张工单，但此时抢修人员正在进行杆上作业，未及时通过App进行接单，待杆上作业完毕后，忽略了此工单，导致工单转变为投诉工单。

【原因分析】抢修人员在连续同时接到两起工单时，因责任心问题，可能导致工单到达现场超时。

【整改措施】

（1）建立督办工单，通过系统自动实现工单定时督办，避免工单因人员原因造成遗漏和超时。

（2）强化抢修人员的业务培训，定期检查工单状态。

（3）建立奖惩考核机制，提高人员责任心。

【案例5】2018年6月10日发生1起10kV线路停电，造成客户催办工单多张。

【问题类别】客户集中催办

【问题类型】人员责任心问题

【事件过程】2018年6月10日，发生1起10kV线路停电，修复时间较长，影响用户较多，后南中心派发了多张客户类催办工单。

【原因分析】供电服务指挥人员不仅要受理故障报修工单还要审核录入停送电信息，停电信息的及时、准确变更，可以降低故障报修工单数以及客户催办数。

【整改措施】

（1）对于10kV线路停电事件，供电服务指挥人员应及时了解故障处理进度、预计修复时间，并在停电信息中及时变更，便于南中心与用户解释。

（2）在收到大量催办工单后，应提高敏感性，及时启动敏感事件预案。

二、市政平台案例

【案例1】供电使用问题求助（此案例来源于网络）

【问题来源】市政热线

【反映内容】市民反映，3月1日被供电公司告知以偷电漏电为由，当时下达了《违章用电、窃电通知书》，需缴纳3倍罚金，市民称从安装电表之日起未私自改动电表任何装置，不存在偷电漏电的情况，希望相关部门协调处理，请相关部门调查。

【处理结果】经调查，该客户是3月7日××部门开展反窃电专项行动中现场查获窃电用户。经现场勘察确定，该客户存在绕越供电企业用电计量装置用电，窃电情况属实，已调查取证。根据《供电营业规则》第一百零二、一百零三条规定；供电企业对查获的窃电者，应予制止并可当场中止供电。窃电者应按所窃电量补交电费，并承担补交电费3倍的违约使用电费，窃电时间无法查明时，窃电日数至少以180天计算。窃电计算方法，居民用户按每天6小时计算［6小时×13.3kW（日用电量）×180天×0.56元×3倍+1倍（正常应交电费）］。工作人员已告知客户相关法律法规及政策，但该客户拒不接受窃电处罚，供电公司已向当地公安部门报案介入调查处理。

【案例2】反应小区经常停电，影响住户生活问题（此案例来源于网络）

【问题来源】市长信箱

【反映内容】尊敬的市长，您好！在燥热的早晨醒来，发现今天小区又停电了。说是"又"，是因为短期内××小区已停电2次，近一年来，停电有4~5次之多。停电给我们的生活带来了很大的不便，上一次停电，有住户被关在电梯内，无奈之下只能惊动了"119"，两辆消防车警灯闪烁引来小区众多住户围观。针对停电问题，我们也跟小区物业公司交涉，但他们说，我们的电网是由××供电公司管理，他们无能为力，也只能干受。

现已进入炎热的夏季，电力的正常与否，直接对我们的生活造成了影响，希望市长能在百忙之中，过问一下，谢谢！

【处理结果】您好，首先对频繁停电给您带来的不便深表歉意，接到您的来信后，××公司针对你反映的关于××小区频繁停电问题进行了调查，处理情况如下：

一、调查情况

经调查，你反映的××小区频繁停电问题属实。

二、处理意见及落实情况

根据调查情况，××公司处理意见如下：

（一）加强度夏期间的线路巡视和消缺，督促客户及时进行隐患处理，尽量减少因客户原因造成的停电事件。

（二）做好停电期间的告知。如遇计划停电，将通过报纸，电视等多种集道提前7天告知小区物业，由物业及时通知客户做好相应准备，停电当天再次通知。如遇故障停电及时告知小区物业停电原因、预计送电时间，取得客户的理解。

（三）建议小区建设单位或业主委员会尽快申请建设第二电源，小高层、高层住宅客梯电力负荷是二级及以上负荷，按照电力建设标准，由小区建设单位或业主委员会申请建设第二电源。

三、改进措施

下一步，我们将积极配合小区建设单位或业主委员会加快第二电源的建设。

××月××日，××公司工作人员与来信人取得联系，向来信人反馈了调查情况及处理意见，来信人表示认可。

三、停送电信息案例

【案例1】某日某地区某条停电信息发布为：开始停电时间为2018年3月24日07:30，停电结束时间为2018年3月24日20:00。现场送电时间录入为2018年3月24日20:05。

【异常原因】录入不规范

【存在问题】计划停电现场送电时间大于停电结束时间

【问题反思】停电信息录入应有录入人和审核人，对停电时间即将到期的停电信息提前询问调度是否能按时完期，避免计划停电现场送电时间大于停电结束时间的情况出现。

【案例2】某日某地区某条停电信息发布为：开始停电时间为2018年4月14日07:30，停电结束时间为2018年4月14日20:00。

【停电范围】10kV××线××支路

【停电区域】10kV××线××台区

【异常原因】录入不规范

【存在问题】计划停电停电范围录入高压线路名称

【问题反思】停电范围是指地理位置，停电区域是指电气设备名称。两个概念容易混淆，录入停电信息时需注意。

【案例3】某日某地区某条停电信息发布为开始停电时间为2018年6月21日07:00，停电结束时间为2018年6月21日20:30。

【停电范围】××省××市××县：××镇、××乡

【停电区域】35kV××变电站：35kV××线××开关及线路

【投诉工单】【停电问题】客户来电投诉该地点6月21日7时到20点30时计划停电，延时送电1小时，没有按照计划公告上发布的计划停电信息进行送电，给客户生活生产带来很大不便，客户表示非常不满，要求供电公司相关部门尽快核实处理并尽快给客户合理解释。

【异常原因】录入不及时

【存在问题】计划停电延迟送电，未及时变更停电结束时间

【问题反思】延时送电应提前30分钟在系统内录入延迟时间和延期原因供国网客服中心查询，以便向用户解释。若未及时变更，导致投诉反映未按计划时间停送电，此停电信息被列为异常停电信息。

四、应急值班案例

【案例】2018年7月10日8时以来，受到持续暴雨影响，××县上游多个地区普降暴雨，造成河道水位持续上涨。当日，该县迎接了流量高达7810m³/s的最大洪峰过境考验，接近1981年8100m³/s的历史极值，县城大部分地区及多个乡镇遭受到了严重的洪涝灾害，洪水造成电网受损严重：2座35kV变电站、3条35kV线路、58条10kV线路、1852个配电变压台区停电，总停电用户达176 352户，停电区域占全县的三分之二。当地政府机关、医院、学校、居民小区均无法正常供电，当地人民群众的正常生活和经济运行遭受巨大的威胁。

【应急处理】（1）供电服务指挥中心应急值班人员收集受灾情况，整理分析上报公司，启动防汛抢险Ⅳ级应急响应。供电服务指挥中心调用发电机5台、雨衣、雨靴、救生衣、救生圈等物资，向5家单位调用发电机10台，送往××公司。同时，派抢修队伍赶往支

援。期间，公司总经理视频连线××公司询问灾情，并部署抢险救灾工作。

（2）7月12日，陆续增派相关单位支援应急抢险工作。供电服务指挥中心向省公司申请调用周边兄弟公司发电车各一台，运检部牵头成立现场指挥部，组织抢修救灾工作。

（3）7月13日上午，根据灾情及抢修情况，将Ⅳ级响应提升为Ⅱ级响应，由生产副总经理任现场指挥部指挥长，组织应急抢险处置工作。

（4）7月13日，开展各部门联合值班，协调处理应急处置相关工作。将各支援单位分成36个小组，接受指挥部的统一工作安排，全力进行线路的恢复工作。

（5）7月14日、15日，供电服务指挥中心完成2批应急物资需求的提报流程。

（6）供电服务指挥中心每日8:30、17:30前将最新情况报市政府总值班室、经信委，公司办公室。

思考与练习

1. 故障报修工单在故障处理环节对抢修人员有哪些要求？

2. 停电信息报送内容中哪些问题容易发生不规范的情况？应如何避免停电信息不合格的情况？

3. 停电信息报送内容跟国网客服中心认定停电问题类投诉息息相关，应采取如何手段及时、准确发布停电信息，避免引发用户投诉？

第四章
配电运营管控

圣人消未起之患，治未病之疾。医之于无事之前，不追于既逝之后。

——孙思邈

配电网直接面向用户,是保证供电质量、提高电网运行效率、创新用户服务的关键环节。目前电力用户遭受的停电事件绝大多数是由于配电系统原因造成的,配电运营管控水平将直接决定供电企业配电网运营效率效益和供电优质服务能力。配电运营管控业务作为供电服务指挥的核心业务之一,旨在依托智能化技术支持系统实现对配电网设备的实时在线运行监测和状态评估,提前开展设备隐患整治和故障抢修工作,主动靠前提升配电运营和供电服务水平。

第一节 主动抢修业务

> **【小节描述】**
> 本小节介绍了主动抢修业务的基本概念、类型和处置流程。通过概念描述,整体掌握主动抢修工单的基本概念、原理和规范要求。

一、主动抢修业务概述

主动抢修业务是指根据设备实时运行数据,依托智能化技术支持系统分析判断配网故障停运、缺相断线等配网故障停运事件,第一时间通过抢修工单的形式自动或手动发送给相应班组进行现场紧急处理。

主动抢修业务先于用户报修生成,其具备以下特点:

(1)主动性。无须用户进行故障报修,主动开展抢修服务。

(2)及时性。在配网故障停电的第一时间下派抢修工单,尽力缩短抢修时间。

(3)精确性。精确确认故障设备,减少抢修人员查找故障时间。

主动抢修业务改变了过去需客户报修才进行抢修的被动局面,能有效缩短故障抢修和用户停电时间。如在此基础上进一步开展故障停电和抢修通知到户工作,将极大缓解故障报修业务压力,提升客户服务感知满意度。

相关主动抢修新闻如图4-1所示。

吉林延边供电公司主动抢修平台提升服务效率

2018-04-27 14:31:19
来源：英大网

原标题：吉林延边供电公司主动抢修平台提升服务效率

本报讯 4月24日5时18分，吉林延边供电服务指挥中心监控人员通过主动抢修监控平台发现安图县城东线一变压器发生跳闸失电事件，立即通知当地抢修班前去消缺处理。同一时间，属地抢修人员远程收到任务信息，迅速到达现场，仅用7分钟就完成了现场消缺工作，该台区462个客户全部恢复供电。

主动抢修平台采用智能诊断分析技术和方法，对比选择并归类整理智能电表海量停电信息，在自动抽取智能电表停电信息、过滤无效信息后，可随机召测客户端电压，确认停电事件，最终将故障台区位置、范围精准地推送至系统前台，由监控人员实时通知现场抢修人员处理故障。自2017年10月系统运行以来，指挥中心共发现台区故障817起，涉及用电客户约63126户。抢修车辆到达故障地点时间平均缩短5～10分钟，停电损失得到有效控制，95598被动故障报修服务工单量月同比最高下降15%，客户投诉率同比下降55.7%。

主动抢修平台通过智能电表挖掘停电信息数据，实现了低压台区停电信息的实时捕捉，创建了以"台区停电信息实时获取、故障范围智能研判、任务派单智能高效、抢修过程全程可视"为主要特征的主动抢修服务新模式，先于客户发现停电之前发现、解决问题，减少了被动服务对客户生活的影响以及因此产生的各种纠纷，最大限度地减少了企业电量损失和投诉风险，提升了企业效益与客户体验。

图4-1 主动抢修新闻图片

二、主动抢修业务类型及研判原理

主动抢修工单分为配网主干线停电主动抢修工单、配网分支线停电主动抢修工单、配电变压器停电主动抢修工单、低压线路停电主动抢修工单和单户停电主动抢修工单。针对推送到配电网故障研判技术支持系统的各类停电告警信息，在进行故障研判前，应在已发布的停电信息范围内进行过滤判断。

1. 配网主干线停电主动抢修

配网主干线停电主动抢修是指监测到配网主干线路故障停电后，派发主动抢修工单到相应抢修班组，及时开展抢修复电工作。

针对配网主干线停电的故障研判可通过以下两种情况实现，两种研判结果可作为相互校验的依据，并能实现研判结果的合并。第一种采用主干线开关跳闸信息直采，从上至下进行电网拓扑分析；第二种未接收到主干线开关跳闸信息时，采用多个分支线开关跳闸信息和联络开关运行状态，由下往上进行电源点追溯到公共主干线开关，再由该主干线开关为起点，从上至下进行电网拓扑分析，生成停电区域。主干线开关跳闸信息应结合该线路下的多个配电变压器停电告警信息，校验主干线开关跳闸信息的准确性。

（1）配电网故障研判技术支持系统接收主干线开关跳闸信息后，根据电网拓扑关系，结合联络开关运行状态信息，从上至下分析故障影响的停电区域。

（2）配电网故障研判技术支持系统接收多条分支线失电信息后，由下往上进行电源点追溯，获取同一时段下多条分支线所属的公共主干线路开关，结合联络开关运行状态信息，根据电网拓扑关系，生成停电区域。一旦报送的该主干线路下分支线开关跳闸数量在预先设定的允许误报率范围内，则研判为主干线故障；否则研判为分支线故障。

2. 配网分支线停电主动抢修

配网分支线停电主动抢修是指监测到配网分支线路故障停电后，派发主动抢修工单到相应抢修班组，及时开展抢修复电工作。

针对配网分支线停电的故障研判可通过以下两种情况实现，两种研判结果可作为相互校验的依据，并能实现研判结果的合并。第一种采用分支线故障信息直采，并从上至下进行电网拓扑分析；第二种未接收到分支线开关跳闸信息时，采用配电变压器停电告警、由下往上进行电源点追溯到公共分支线开关，再由分支线开关为起点从上至下进行电网拓扑分析，生成停电区域。分支线开关跳闸信息应结合该支线路下的多个配电变压器停电告警信息，校验分支线开关跳闸信息的准确性。

（1）配电网故障研判技术支持系统接收分支线（联络线、分段）开关跳闸信息后，根据电网拓扑关系，结合联络开关运行状态信息，从上至下分析故障影响的停电区域。

（2）配电网故障研判技术支持系统接收多个配电变压器失电告警信息后，由下往上进行电源点追溯，获取同时段下多个配电变压器的公共分支线开关，再根据分支线开关和联络开关状态信息，以公共分支线开关为起点，从上至下进行电网拓扑分析，生成停电区域。一旦报送的失电配电变压器数量在预先设定的允许误报率范围内，则研判为该分支线停电，并生成分支线故障影响的停电区域；否则研判为配电变压器停电。

3. 配电变压器停电主动抢修

配电变压器停电主动抢修是指监测到配电变压器设备故障停电后，派发主动抢修工单到相应抢修班组，及时开展抢修复电工作。

针对配电变压器停电的故障研判可通过以下两种情况实现，两种研判结果可作为相互校验的依据，并能实现研判结果的合并。第一种采用配电变压器故障信息直采，并从上至下进行电网拓扑分析；第二种未接收到配电变压器故障信息时，采用低压线路失电告警。由下往上进行电源点追溯到公共配电变压器，再由该配电变压器为起点，从上至下进行电网拓扑分析，生成停电区域。配电变压器停电告警信息应通过实时召测配电变压器终端及该配电变压器下随机多个智能电表的电压、电流、负荷值来校验配电变压器停电信息的准确性。

（1）配电网故障研判技术支持系统接收到配电变压器停电告警信息后，由下往上进行电源点追溯，获取同一时段下多个配电变压器的公共分支线开关信息，再根据分支线开关和联络开关状态信息，从上至下进行电网拓扑分析，生成停电区域。一旦报送的停电配电变压器数量在预先设定的允许误报率范围内，则判断该分支线停电，并生成分支线故障影响的停电区域；否则，研判为本配电变压器停电。

（2）配电网故障研判技术支持系统接收到低压线路停电告警后，由下往上进行电源点追溯，获取该低压线路所属配电变压器。以该配电变压器为起点从上至下进行电网拓扑分析，生成停电区域，如该配电变压器下所有的配电变压器低压出线停电，则研判为本配电变压器停电。

4. 低压线路停电主动抢修

低压线路停电主动抢修是指监测到低压线路故障停电后，派发主动抢修工单到相应抢修班组，及时开展抢修复电工作。

针对低压线路停电的故障研判原理为：配电网故障研判技术支持系统接收低压线路开关跳闸或低压采集器停电告警信息后，从下往上进行电源点追溯，获取同一时段下的公共低压分支线开关和联络开关状态信息，从上到下进行电网拓扑分析，生成停电区域。一旦报送的低压分支线开关跳闸或低压采集器停电告警信息数在预先设定的允许误报率范围内，则研判为该公共低压线路停电，并生成低压线路故障影响的停电区域；否则，研判为本低压分支线或低压采集器停电。

5. 单户停电主动抢修

单户停电主动抢修是指监测到单一客户故障停电后，派发主动抢修工单到相应抢修班组，及时开展抢修复电工作。

针对单户停电的故障研判原理为：配电网故障研判技术支持系统接收到触发低压计量装置停电的判断条件后，依据营配贯通客户对应关系，获取客户低压计量装置信息及坐标信息，实现报修客户定位；依据电网拓扑关系由下往上追溯到所属配电变压器；通过客户侧低压计量装置及所属配电变压器的运行信息进行判断。如低压计量装置采集召测成功且运行数据正常，则研判为客户内部故障；如低压计量装置召测成功但运行数据异常，则研判为低压单户故障；如低压计量采集装置召测失败、配电变压器运行正常，则研判为低压故障；如果配电变压器有一相或两相电压异常（电压约等于0），则研判为配电变压器缺相故障；如果配电变压器电压、电流都异常（电压、电流都约等于0），则研判为本配电变压器故障。客户单户停电告警信息应通过客户侧低压计量装置的电压、电流、负荷值来校验客户失电告警信息的准确性。

三、主动抢修工单处置流程

1. 生成主动抢修工单

供电服务指挥中心依托智能化供电服务指挥系统开展配网运行监测工作，监测到配网故障后，按照前述的故障研判原理进行分析研判。若满足某一类型的主动抢修工单研判规则，则生成相应的主动抢修工单，工单内容应包含故障设备（区域）、故障时间、工单类型、责任班组等；供电服务指挥中心对生成的主动抢修工单进行审核，下派工单至相关抢修班组。

2. 现场抢修处理

抢修班组接收到主动抢修工单后，对故障设备（区域）、责任班组予以确认后立即赶赴现场进行抢修复电工作。主动抢修工单的抢修流程有关时间规定可参照95598故障报修业务的要求执行。如到达故障现场时限应符合：城区范围不超过45分钟，农村地区不超过90分钟，特殊边远山区不超过120分钟。预计当日不能修复完毕的紧急故障，应及时向供电服务指挥中心报告；抢修时间超过4小时的，每2小时向供电服务指挥中心报告故障处理进度。

供电服务指挥中心应实时跟踪主动抢修工单的处理进度，对进展缓慢或重要紧急的抢修工作及时开展督办工作，确保现场抢修工作有序推进。

3. 审核评价并归档

抢修班组完成抢修工作后，按规范要求回复主动抢修工单。主动抢修工单的回复要求可参照95598故障报修业务的要求执行，工单应使用书面语进行填写，内容描述应准确、简洁，避免错字、别字的发生；语句通顺、流畅，结构逻辑性强，避免产生歧义句。供电服务指挥中心对主动抢修工单回复内容进行审核评价，对工单填写不规范、工单受理内容不相符等不合格的工单予以回退重填。完成审核评价的主动抢修工单统一归档保存，相关管理人员应定期开展主动抢修业务总结分析工作，拓展工作场景、完善业务流程规范、提升实际工作效果。

主动抢修工单处理流程图如图4-2所示。

主动抢修工单处理流程

地（市、州）供电公司 供电服务指挥中心	现场抢修班组	流程说明
开始 ↓ 1. 配网运行监测 ↓ 2. 故障研判（否→返回1；是↓） ↓ 3. 下派工单 ——→ 4. 接收工单 ↓　　　　　　　　　　↓ 6. 跟踪处理 ←—— 5. 现场抢修 ↓ 7. 是否督办（是→返回6；否↓） ↓ 9. 审核评价 ←—— 8. 回复工单 ↓ 10. 归档		1. 供电服务指挥中心依托智能化供电服务指挥系统开展配网运行监测； 2. 监测到配网故障后，开启故障研判，若满足研判规则，则生成相应的主动抢修工单； 3. 供电服务指挥中心值班员对生成的主动抢修工单进行审核，下派工单至相关抢修班组； 4. 现场抢修班组接收主动抢修工单，确认故障设备和地点； 5. 抢修班组赶赴现场开展抢修复电工作； 6. 供电服务指挥中心值班员对主动抢修工单进行跟踪处理，确保抢修工作有序推进； 7. 供电服务指挥中心值班员对进展缓慢或重要紧急的抢修工作进行督办； 8. 抢修班组完成抢修工作后，按规范要求回复主动抢修工单； 9. 供电服务指挥中心值班员对主动抢修工单回复内容进行审核评价； 10. 将审核评价完成的主动抢修工单进行归档，并定期开展分析总结工作。

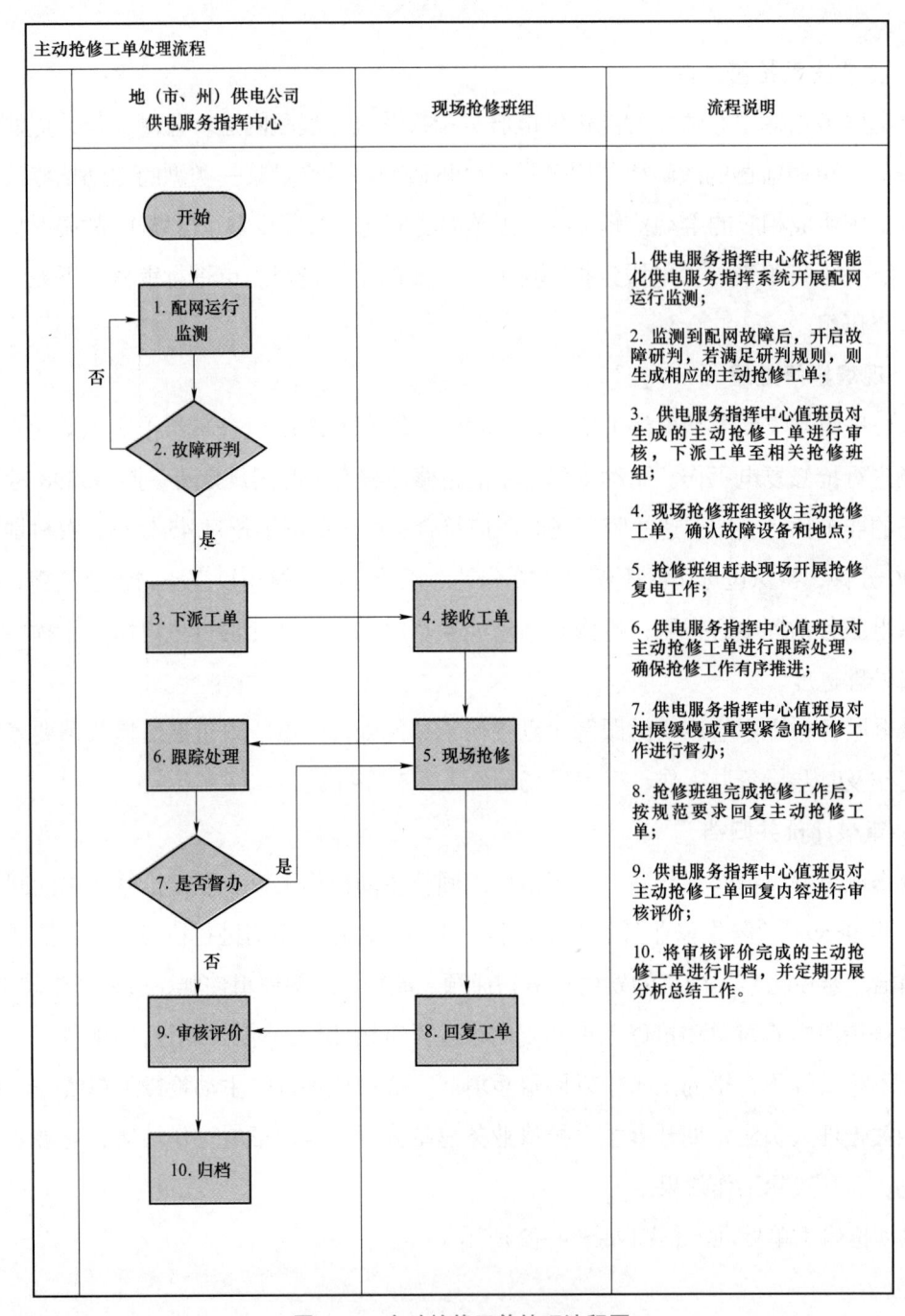

图 4-2 主动抢修工单处理流程图

第二节 主动预警业务

> **【小节描述】**
> 本小节介绍了主动预警工单的基本概念、类型和处置流程。通过概念描述，整体掌握主动预警工单的基本概念、原理和规范要求。

一、主动预警业务概述

主动预警业务是指根据设备实时运行数据，依托智能化技术支持系统分析判断出配网运行设备存在重过载、低电压、三相不平衡等异常事件，并以预警工单的形式自动或手动发送给相应运维班组进行现场核实，开展隐患异常整治工作，提高设备运行健康水平和供电质量。

主动预警工单是通过对配网设备在线实时监测生成的，与运维人员的日常巡视检查是很好的互补，其具备以下特点：

（1）主动性。通过对配网设备在线实时监测生成，主动开展异常整治工作。

（2）预见性。主动预警工单根据配网设备运行数据生成，对设备进入异常运行状态具有预见性。

（3）精确性。精确确认异常设备，减少运维人员巡视检查时间。

配网设备数量极其庞大，同时设备运行状态是一个动态变化的过程，常规的巡视检查工作难以覆盖到每一个设备，也难以诊断出设备近期是否出现过运行异常。主动预警业务能提前预见发现进入异常运行状态的配网设备，与运维人员的日常巡视检查形成了良好互补，辅助运维人员提前开展隐患异常整治工作，提高设备运行健康水平和供电质量。

二、主动预警业务类型及研判规则

主动预警工单分为配网线路重过载主动预警工单、配电变压器三相不平衡主动预警工单、配电变压器低电压主动预警工单和配电变压器重过载主动预警工单。

1. 配网线路重过载主动预警工单

配网线路重过载主动预警工单是指监测到配网线路出现重过载后，派发主动预警工单到相应运维班组进行现场核实，加强巡视监控，根据严重程度开展相应隐患异常整治工作。

配网线路的负载情况根据配网线路负载率计算：

$$配网线路负载率=线路三相有功总功率/配网线路额定容量×100\%$$

配网线路的额定容量与导线材料、截面、型号、敷设方法以及环境温度等有关，通常采用常规温度下的线路载流量。一般来说，负载率在80%～100%，并持续一段时间（如1个小时及以上）视为重载；负载率在100%以上，并持续一段时间（如1个小时及以上）视为过载。

配网线路的负载率监测工作依赖于配电自动化的覆盖程度，理想情况下任一分支线均可以实现实时监测。但配电自动化经济投入大，覆盖率还难以达到100%，通常只能实现主线的实时监测。在配网拓扑关系准确清晰的情况下，可以依据配电变压器总的有功负荷情况近似估算分支线末端的有功负荷。

2. 配电变压器三相不平衡主动预警工单

配电变压器三相不平衡主动预警工单是指监测到配电变压器设备出现三相不平衡后，派发主动预警工单到相应运维班组进行现场核实，加强巡视监控，根据严重程度开展相应隐患异常整治工作。

配电变压器设备三相不平衡度按以下公式计算：

$$配电变压器三相不平衡度=（最大相电流-最小相电流）/最大相电流×100\%$$

在计算配电变压器三相不平衡度时，应充分考虑空载、轻载配电变压器的情况。一般来说，负载率在60%以上，配电变压器三相不平衡度大于25%并持续一段时间（如2个小时及以上）可视为配电变压器三相不平衡。配电变压器三相不平衡通常采用调整每相负荷予以平衡治理。

3. 配电变压器低电压主动预警工单

配电变压器低电压主动预警工单是指监测到配电变压器出口电压偏低后，派发主动预警工单到相应运维班组进行现场核实，加强巡视监控，根据严重程度开展相应隐患异常整治工作。

当配电变压器当前电压低于标准电压10%及以上，并持续一段时间（如2个小时及以上）可视为低电压。如标准电压为220V时，当最低相电压低于198V并持续规定时间，则判定配电变压器出现了低电压的异常。造成配电变压器低电压的原因较多，如上级供电线路电压偏低、供电半径过长、负载过重等，需根据实际情况进行整治。

4. 配电变压器重过载主动预警工单

配电变压器重过载主动预警工单是指监测到配电变压器设备出现重过载后，派发主动预警工单到相应运维班组进行现场核实，加强巡视监控，根据严重程度开展相应隐患异常整治工作。

配电变压器设备的负载情况根据配电变压器负载率计算：

配电变压器负载率＝配电变压器三相有功总功率/配电变压器额定容量×100%

与配网线路的负载率类似，一般来说，配电变压器负载率在80%～100%，并持续一段时间（如2个小时及以上）视为重载；配电变压器负载率在100%以上，并持续一段时间（如2个小时及以上）视为过载。

当配电变压器出现重过载后，容易伴随出现配电变压器三相不平衡、低电压等异常情况，保持配电变压器负载率在一个合理范围以内，能够有效提高配电变压器健康运行水平和供电电压质量，从而提升供电企业的配网运营和优质服务水平。

三、主动预警工单业务处置流程

1. 生成主动预警工单

供电服务指挥中心依托智能化供电服务指挥系统开展配网运行监测工作，监测到配网设备异常后，按照前述的设备异常研判规则进行分析研判。若满足某一类型的主动预警工单研判规则，则生成相应的主动预警工单，工单内容应包含异常设备（区域）、异常时间、工单类型、责任班组等；供电服务指挥中心对生成的主动预警工单进行审核，下派工单至相关运行维护班组。

2. 设备异常整治

运行维护班组接收到主动预警工单后，对异常设备（区域）、责任班组予以确认后赶赴现场进行核实。根据现场实际情况，向供电服务指挥中心回复拟采取的整治措施和整治计划时间。在设备异常整治期间，供电服务指挥中心不再下派该设备同一类型的主动预警工单，同时运行维护班组应切实加强异常设备的巡视监控工作，采取合理有效的临时补救措施，杜绝设备异常愈发严重。在具备条件后，立即开展异常整治工作，尽量缩短设备异常持续时间。

供电服务指挥中心应实时跟踪主动预警工单的处理进度，对进展缓慢或重要紧急的设备异常整治工作及时开展督办工作，确保异常整治工作有序推进。

3. 审核评价并归档

运行维护班组完成异常整治工作后，按规范要求回复主动预警工单。主动预警工单应使用书面语进行填写，内容描述应准确、简洁，避免错字、别字的发生；语句通顺、流畅，结构逻辑性强，避免产生歧义句。供电服务指挥中心对主动预警工单回复内容进行审核评价，对工单填写不规范、工单受理内容不相符等不合格的工单予以回退重填。

供电服务指挥中心应对异常整治完成的设备进行一段时间的状态监测（如 24 小时及以上），确认设备异常已经整治完毕，完成审核评价工作。主动预警工单应统一归档保存，相关管理人员应定期开展主动预警业务总结分析工作，拓展工作场景、完善业务流程规范、提升实际工作效果。

主动预警工单处理流程图如图 4-3 所示。

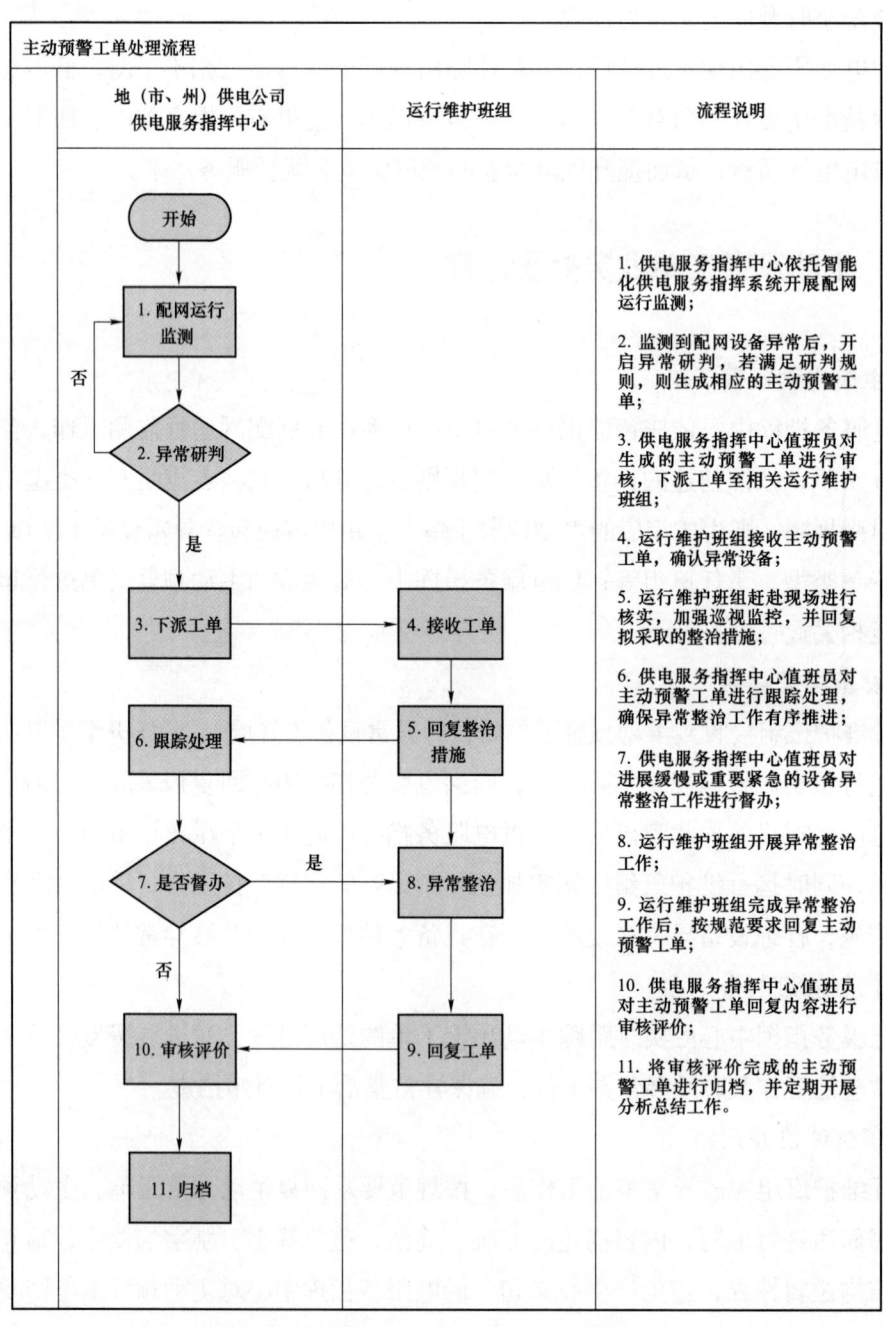

地（市、州）供电公司 供电服务指挥中心	运行维护班组	流程说明
开始 ↓ 1. 配网运行监测 ↓ 2. 异常研判（否→返回1；是↓） 3. 下派工单 ↓ 6. 跟踪处理 ↓ 7. 是否督办（是→8；否↓） 10. 审核评价 ↓ 11. 归档	4. 接收工单 ↓ 5. 回复整治措施 ↓ 8. 异常整治 ↓ 9. 回复工单	1. 供电服务指挥中心依托智能化供电服务指挥系统开展配网运行监测； 2. 监测到配网设备异常后，开启异常研判，若满足研判规则，则生成相应的主动预警工单； 3. 供电服务指挥中心值班员对生成的主动预警工单进行审核，下派工单至相关运行维护班组； 4. 运行维护班组接收主动预警工单，确认异常设备； 5. 运行维护班组赶赴现场进行核实，加强巡视监控，并回复拟采取的整治措施； 6. 供电服务指挥中心值班员对主动预警工单进行跟踪处理，确保异常整治工作有序推进； 7. 供电服务指挥中心值班员对进展缓慢或重要紧急的设备异常整治工作进行督办； 8. 运行维护班组开展异常整治工作； 9. 运行维护班组完成异常整治工作后，按规范要求回复主动预警工单； 10. 供电服务指挥中心值班员对主动预警工单回复内容进行审核评价； 11. 将审核评价完成的主动预警工单进行归档，并定期开展分析总结工作。

图 4-3 主动预警工单处理流程图

第三节 配电网运营管理分析

> **【小节描述】**
> 本小节介绍了配电网运营管理分析的基本概念、目的和类型。通过概念描述，整体掌握配电网运营管理分析的工作思路和研究重点。

一、配电网运营管理分析业务概述

配电网运营管理分析是指针对配网运维检修工作的进展、重要节点、关键环节进行多维度管控，跟踪分析业务全过程，结合区域环境、配网设备状态、配网运维定员数量等因素，分析与评价运检作业工时、成本、成效，辅助提升配网运维管理效益。

配电网运营管理分析主要包含配网停运管控分析、配网缺陷管控分析、配网运检风险预警和配网设备综合评价等内容。

二、配网停运管控分析业务

配网停运管控分析业务是基于配网拓扑关系、运行状态数据和业务数据，实现对配电网线路、配电变压器、低压线路等各层级的停电状态、供电可用系数及其影响停电时户数的真实全面掌控，实现配网停运状态的多维度统计分析。辅助分析检修计划安排的合理性、分段开关安装合理性，促使强化综合检修、严控临时停电、辅助加强低压停电计划执行，对于主要治理设备辅助生成储备工程项目，切实提升供电可靠性。

通过开展配电停运状态与检修计划、工作票、抢修票、配网工程建设、业扩报装、不停电作业等相关关联性分析，总结综合检修工作中存在的问题，对综合检修工作成效进行客观评价并提出改进建议。

1. 配网主线停运管控

对配网主线的停运事件（检修停运、故障停运）进行管控分析，统计分析运行单位、故障跳闸停运次数、检修停运次数、停运总时长、平均停运时长、可用系数、影响范围等。对线路重复停运进行专项分析，掌握主要停运原因，提出相应整治建议。

2. 配网支线停运管控

对配网支线的停运事件（检修停运、故障停运）进行管控分析，统计分析运行单位、故障跳闸停运次数、检修停运次数、停运总时长、平均停运时长、影响范围等。对支线重复停运进行专项分析，掌握主要停运原因，提出相应整治建议。

3. 配电变压器停运管控

对配电变压器设备的停运事件（检修停运、故障停运）进行管控分析，统计分析运行单位、故障跳闸停运次数、检修停运次数、停运总时长、平均停运时长、影响范围等。对配电变压器重复停运进行专项分析，掌握主要停运原因，提出相应整治建议。

4. 不规范停电作业分析

根据设备停运数据，结合停电计划、调度计划检修操作票、调度抢修操作票信息，统计分析出临时停电、无票作业、电流突变停运（1号杆加装开关）、未按规定负荷转供（停电作业可转负荷但不转负荷）等不规范停电作业的情况，并通知相关责任班组（部门）整改。

5. 停电作业合理性分析

根据电网拓扑关系，分析重复停运情况，分析综合检修有效性（如从上下级检修的协同、多检修任务的协同工作等方面进行分析）、超长停电作业（如超出标准工时20%以上）等情况，包括停电作业合理性分析、工作改进建议、数据统计分析等。

三、配网缺陷管控分析业务

配网缺陷管控分析通过对配网设备缺陷、隐患按数量、性质、状态、部位、原因及家族性缺陷等进行多维度分析，协助专业部门开展差异化运维。

1. 缺陷成因分析

分析重要设备的缺陷形成与负载、天气、故障、上下游设备、制造厂商的相关性，找到缺陷成因。

2. 缺陷分布分析

以单位、班组、网格（片区、台区）为单位从多维度（设备类型、缺陷类型等）统计分析缺陷。结合各单位物资、自动化水平、人员情况，开展差异化评价、运维的管控。

3. 缺陷预警预测

根据缺陷形成的相关性因素，构建缺陷预测模型，基于大数据算法，对重要设备如配电变压器、开关等的缺陷进行预警预测。

4. 故障跳闸成因相关性分析

根据故障跳闸的原因、部位，结合天气、温度、季节、负载、缺陷、隐患、线路所处地理位置（平原、山区、林区等）等情况，分析故障跳闸的相关成因。

5. 故障消除差异化运维措施辅助

针对跳闸原因是鸟害、树障、雷害等相关原因的线路，辅助产生差异化运维方案，在编制配网巡视计划及开展技改大修时提示，根据故障跳闸的相关性分析，结合天气、时间、季节、外力作业等信息，对可能引起故障跳闸的树障、雷击、外力破坏、季节性鸟害等情况进行预报，开展隐患预先消缺。

四、配网运检风险预警业务

配网运检风险预警是根据配网历史运行数据，结合季节、气象情况，应用大数据分析技术，对配电设备现场风险（低洼、防汛滞洪、雷区、污区、鸟害、鱼池、重要交跨、山火、线下违章、外力隐患点、树害等）进行评估，发布相关的评估报告及预警，辅助各单位事先做好预防措施，降低电网风险。

1. 配网风险评估预警

应用大数据分析技术，对配电设备风险点（低洼、防汛滞洪、雷区、污区、鸟害、鱼池、重要交跨（高铁、高速公路、输电通道）、山火、线下违章、外力隐患点、树害）进行评估，并自动生成相关的评估报告，辅助配电网在不同季节进行差异化运维和风险点改造。

2. 配网季节特征电压风险预判

制定电压风险指标，分析不同地域，不同季节配网负荷变化的特征，提出能够表征配电网电压风险的特征，分析计算的电压风险指标；建立电压风险预判模型，分析电压风险指标之间的相互关系，确定电压风险指标与负荷预测结果、节点电压水平等变量以及特殊事件之间的关系。

五、配网综合评价业务

1. 设备统计分析

根据设备台账及运行状态，对配网设备开展多维度统计分析；挖掘问题设备、老旧设备、参数异常设备、非标设备，辅助掌控所辖设备的规模、年限、质量等情况。主要分为以下几类：

（1）配网设备统计分析。对各种配网设备（如馈线、站房、开关、配电变压器、终端等）按数量、年限、分类、地域、厂家、家族性缺陷厂商型号等进行统计分析。

（2）老旧淘汰设备分析。分析挖掘出高损变、家族性缺陷厂商设备、超运行规程年限设备、接近年限设备、被国网列入淘汰更换名录设备等，并按需更换设备的紧急程度，加入到配网改造工程的问题清单中。

（3）非标设备分析。按《配电网标准化建设》《配电网典型设计》等要求，分析挖掘出非标设备，分析其占比等情况，对非标设备过多的情况进行重点关注与督办。

（4）参数异常设备。对设备参数明显错误的台账，如同一型号参数不一致、型号参数不匹配、额定容量、额定电流等明显不对的设备进行自动识别与告警，派发整改单到班组进行整改。主要包括异常设备识别、异常设备统计分析、异常设备告警工单。

（5）供电半径分析。根据配网线路及所辖设备（杆塔、导线、配电变压器），计算供电半径，并开展统计分析。

2. 供电能力评估

（1）配电网运行水平和供电能力评估。根据配电网设备台账及运行数据，按《城市配电网运行水平和供电能力评估导则》和《配电网技术导则》，对配电网供电能力及运行水平评估，辅助各单位分析配电网供电能力存在的突出问题，提出改进策略。

（2）配电线路负载转带能力分析。根据电网拓扑、转入及转出线路参数及实时运行数据，实现对配电网负荷转移风险评估，辅助生成配电网线路差异化转供方案，有效提升配网设备利用率。

3. 设备状态评估

综合运用配电设备台账、各类状态检测、故障、缺陷及实时监测信息，采用大数据分析技术，实现配网主要设备的实时状态评价与预警，根据评价结论开展设备差异化运维，制定不同巡检周期并进行及时动态评价，辅助各基层单位实时掌控设备状态变化及设备健康状态情况。利用设备状态评价结果，指导开展差异化运维工作，有效解放人力，提高工作成效。开展设备状态评价结果与运维工作的关联性分析，对各单位配网运维工作成效进行客观评价并提出改进建议。

第四节 典型案例

【案例1】某地片区客户故障停电，不到1小时就正常来电。

事件描述：某日，某客户××家中突然停电，并发现整个小区附近区域均出现停电事件。客户正准备拨打 95598 电话进行咨询和故障报修，手机收到短信通知：因供电线路导致某片区故障停电，供电公司已安排抢修人员开展紧急抢修复电工作，预计修复时间 1 小时。客户掌握抢修信息后，不用再拨打 95598 电话进行咨询和报修，耐心在家中等待来电。50 分钟后，抢修工作顺利完毕，客户家中恢复供电。

小结：主动抢修工单有效缩短了抢修复电时间，大幅提升客户服务体验满意度。

【案例2】春节期间告别低电压，回乡村民安心添置家用电器。

事件描述：某村民长期在外务工，每逢春节回乡时都赶上用电高峰，家中电压偏低，还时常发生停电情况，根本无法添置家用电器。但今年这一问题得到了彻底解决，家中电压均合格正常，可以安心添置家用电器，让家庭生活更加幸福美满。

小结：主动预警工单有效整治了配电变压器低电压异常，提高设备运行健康水平和供电质量。

思考与练习

1. 主动抢修工单与停送电信息有哪些关联？
2. 主动预警工单的数据来源有哪些？
3. 配网拓扑关系及客户关联信息在主动抢修工单和主动预警工单中发挥了哪些作用？
4. 配电网运营管理分析涉及面十分宽广，你认为哪些管控分析最直接有效？还有没有可以拓展的其他研究分析方向？

第五章
客户服务指挥

供水、供电、供气、供暖等公用事业单位及银行等服务机构，群众日常打交道最多、对其服务质量感受最深。这些行业服务状况在某种程度上也代表着政府形象。

——李克强

客户服务指挥主要包括非抢修工单处置、业扩全流程监视督办、95598知识库维护、重要服务事项报备等。本章将对这几项业务进行详细介绍。

第一节　非抢修业务

> **【小节描述】**
> 本小节介绍了非抢修工单的处理流程以及时限要求，并着重针对投诉业务将工单流转的各个环节做了相关规范和介绍。

一、非抢修业务概述

非抢修业务来源于95598热线电话、12398监督热线、当地媒体、政府部门、社会联动或上级部门的信息查询、业务咨询、举报、建议、意见、表扬、服务申请、投诉等客户服务事件。通过营销95598系统形成工单，并开展工单录入、派单、归档、回访工作。国网客服中心受理客户诉求后，可以答复的，直接答复并办结；不能办结的，派单至相应的供电服务指挥中心，由各指挥中心分派至对应的处理班组，班组根据客户诉求处理工单，指挥中心审核后回单，再由国网客服中心完成客户回访工作。由于投诉业务较为重要和特殊，将在本小节第五点详细说明。

二、非抢修工单处置流程

1. 业务研判及工单派发

国网客服中心将处理业务咨询、信息查询、服务投诉等客户服务事件的工单进行分级分类，按不同状态进行标记，展示用户的服务历史、致电关联、业务关联、群体关联等信息，判断服务事件的优先等级、重要程度、紧急程度、影响范围等。根据业务研判结果，并在业务管理考核规定时限内按地域派给相应供电服务指挥中心，指挥中心根据业务研判结果派发给相应的处理班组或回退至国网客服中心。针对需升级处理的工单，通过短信或工单等方式报送给相应的管理人员。

2. 过程跟踪

供电服务指挥中心依据相关的管理办法和督办策略对服务事件进行跟踪，全过程监控工单的处理进度和质量，对即将超期、已经超时限的工单进行预警、督办，实现对工单处理人员、专职管理人员、分管领导等多级预警、督办。

3. 质量审核

供电服务指挥中心根据公司客户服务规范标准，对各班组回复事件的合理性、准确性进行审核，对不符合要求的工单退回责任部门重新办理。辅助开展工单回复内容中时间等要素的逻辑性审核。审核合格后提交至国网客服中心。

4. 约时闭环工单监督

对工单已按时回复但诉求事项需后续处理闭环的工单，在诉求事项闭环时限前自动关联原工单后形成约时闭环工单，由供电服务指挥中心派发至责任部门，跟踪诉求事项闭环处理情况。

三、各类非抢修工单处理时限要求

1. 信息查询

国网客服中心通过 95598 电话自助语音、95598 网站等自助查询方式向客户提供信息查询服务。国网客服中心、供电服务指挥中心、地市、县供电企业按照要求收集、维护、整理相关信息（停电信息、电量电费等），并及时做好信息报送工作。

2. 业务咨询

国网客服中心受理客户咨询诉求后，未办结业务 20 分钟内派发工单，供电服务指挥中心根据地址和工单性质派发至相应的处理班组，地市、县供电企业应在国网客服中心受理客户诉求后 4 个工作日内进行业务处理、回单至供电服务指挥中心，供电服务指挥中心做好审核工作并反馈结果，国网客服中心应在接到回复工单后 1 个工作日内回复客户。

3. 举报、建议、意见

（1）国网客服中心受理客户举报、建议、意见业务诉求后，20 分钟内派发工单。供电服务指挥中心根据地址和工单性质派发至相应的处理班组，地市、县供电企业应在国网客服中心受理客户诉求后 9 个工作日内处理、回单至供电服务指挥中心，供电服务指挥中心做好审核工作并反馈结果，举报工单国网客服中心应在接到回复工单后 1 个工作日内回访客户，建议、意见工单国网客服中心应在接到回复工单后 1 个工作日内回复客户。

（2）行风类及其他非营销类业务由各单位营销部及时转交相关管理部门办理，承办部门要按照对外服务的承诺时限要求，提前 1 个工作日反馈本单位营销部，由营销部回复工单。

（3）对于行风类举报，国网客服中心派发工单后及时报告国网监察局。

4. 表扬

国网客服中心受理客户表扬诉求后，未办结业务 20 分钟内派发工单，处理部门应根据工单内容核实表扬。

5. 服务申请

国网客服中心受理客户服务申请诉求后，20 分钟内派发工单。供电服务指挥中心根据地址和工单性质派发至相应的处理班组，地市、县供电企业应在国网客服中心受理客户诉求后在规定的时限内处理回单至供电服务指挥中心，供电服务指挥中心做好审核工作并反馈结果，国网客服中心应在接到回复工单后 1 个工作日内回访客户。服务申请各子类业务处理时限要求：

（1）已结清欠费的复电登记业务 24 小时内为客户恢复送电，送电后 1 个工作日内回复工单。

（2）电器损坏业务 24 小时内到达故障现场核查，业务处理完毕后 1 个工作日内回复工单。

（3）电能表异常业务 4 个工作日内处理并回复工单。

（4）抄表数据异常业务 6 个工作日内核实并回复工单。

（5）高速公路快充网络充电预约业务，客户预约时间小于 45 分钟的，应在客户挂机后 45 分钟内到达现场；客户预约时间大于 45 分钟的，应在客户预约时间前到达现场，客户充电完毕后 2 小时内回复工单。

（6）其他服务申请类业务 5 个工作日内处理完毕并回复工单。

非抢修类工单业务处理时限详见表 5-1。

表 5-1　　　　　　　　　　非抢修类工单业务处理时限

序号	大分类	二级分类	三级分类	业务处理总时限	国网客服中心派发	省接单分理	地市接单分理
1	服务申请	用电信息变更	客户联系方式调整	5 个工作日	20 分钟	2 个工作小时	2 个工作小时
2			定量定比调整	5 个工作日	20 分钟	2 个工作小时	2 个工作小时
3		用电异常核实	抄表数据异常	6 个工作日	20 分钟	2 个工作小时	2 个工作小时

续表

序号	大分类	二级分类	三级分类	业务处理总时限	国网客服中心派发	省接单分理	地市接单分理
4	服务申请	用电异常核实	交费差错更正	5个工作日	20分钟	2个工作小时	2个工作小时
5			电能表异常	4个工作日	20分钟	2个工作小时	2个工作小时
6			校验电表	5个工作日	20分钟	2个工作小时	2个工作小时
7			电器损坏核损	24小时到场,处理完毕一个工作日回单	20分钟	2个小时	2个小时
8		用电服务需求	欠费登记复电	24小时内到现场恢复送电	20分钟	2个小时	2个小时
9			电费账单寄送	5个工作日	20分钟	2个工作小时	2个工作小时
10			发电车租用申请	5个工作日	20分钟	2个工作小时	2个工作小时
11			客户侧用电需求配合	5个工作日	20分钟	2个工作小时	2个工作小时
12			居民客户应急送电	5个工作日	20分钟	2个工作小时	2个工作小时
13			低压业扩报装预受理	5个工作日	20分钟	2个工作小时	2个工作小时
14		预约服务	预约抄表	5个工作日	20分钟	2个工作小时	2个工作小时
15			媒体采访预约	5个工作日	20分钟	2个工作小时	2个工作小时
16			高速公路快充网络充电预约	45分钟	2分钟	2分钟	3分钟
17		生产类非紧急业务	供电企业供电设施消缺	5个工作日	20分钟	2个工作小时	2个工作小时
18			电力施工后废弃清理及路面恢复	5个工作日	20分钟	2个工作小时	2个工作小时
19			路灯报修登记	5个工作日	20分钟	2个工作小时	2个工作小时
20	举报	—	—	9个工作日	20分钟	2个工作小时	2个工作小时

续表

序号	大分类	二级分类	三级分类	业务处理总时限	国网客服中心派发	省接单分理	地市接单分理
21	建议	—	—	9个工作日	20分钟	2个工作小时	2个工作小时
22	意见	—	—	9个工作日	20分钟	2个工作小时	2个工作小时
23	咨询业务	—	—	4个工作日	20分钟	2个工作小时	2个工作小时
24	表扬	—	—	无时限要求，不闭环	20分钟	—	—

四、非抢修业务处理流程图

非抢修业务处理流程图如图5-1所示。

五、投诉

1. 投诉定义

供电服务投诉是指公司经营区域内（含控股、代管营业区）的电力客户，在供电服务、营业业务、停送电、供电质量、电网建设等方面，对由于供电企业责任导致其权益受损表达不满，要求维护其权益而提出的诉求业务（以下简称"客户投诉"）。

2. 投诉分类

（1）客户投诉包括服务投诉、营业投诉、停送电投诉、供电质量投诉、电网建设投诉五类。

1）服务投诉指供电企业员工服务行为不规范、公司服务渠道不畅通、不便捷等引发的客户投诉，主要包括员工服务态度、服务行为规范（不含抢修、施工行为）、窗口营业时间、服务项目、服务设施、公司网站管理等方面。

2）营业投诉指供电企业在处理具体营业业务过程中存在工作超时限、疏忽、差错等引发的客户投诉，主要包括业扩报装、用电变更、抄表催费、电费电价、电能计量、业务收费等方面。

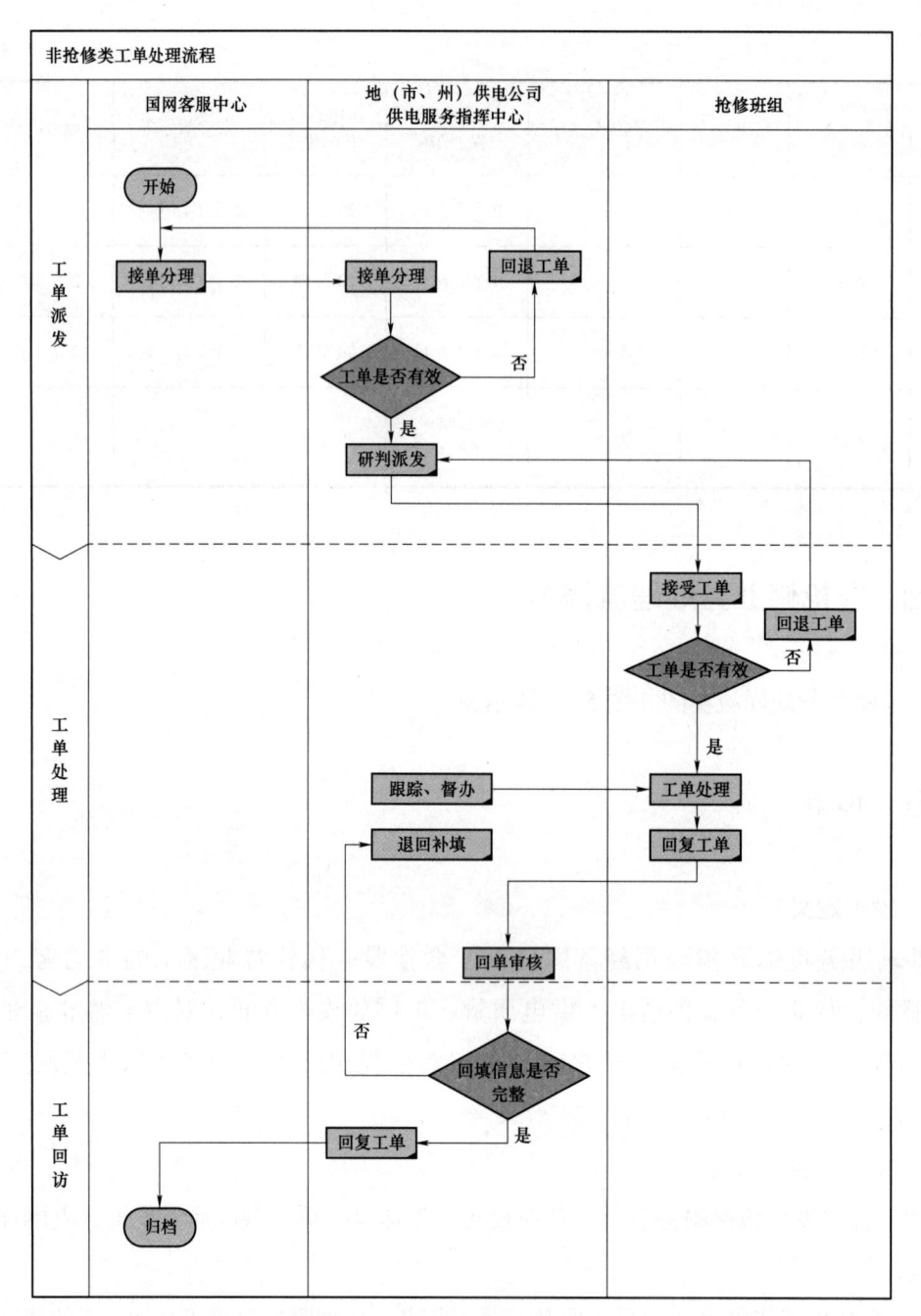

图 5-1 非抢修类工单处理流程图

3）停送电投诉指供电企业在停送电管理、现场抢修服务等过程中发生服务差错引发的客户投诉，主要包括停送电信息公告、停电计划执行、抢修质量（含抢修行为）、增值服务等方面。

4）供电质量投诉指供电企业向客户输送的电能长期存在电压偏差、频率偏差、电压不平衡、电压波动或闪变等供电质量问题，影响客户正常生产生活秩序引发的客户投诉，主要包括电压质量、供电频率、供电可靠性等方面。

5）电网建设投诉指供电企业在电网建设（含施工行为）过程中存在供电设施改造不彻底、电力施工不规范等问题引发的客户投诉，主要包括输配电供电设施安全、电力施工行为、供电能力、农网改造、施工人员服务态度及规范等方面。

（2）按照客户投诉受理渠道，可将客户投诉分为95598客户投诉和非95598客户投诉。

1）通过95598电话、网站等渠道受理的客户投诉，按照95598客户投诉处理流程和投诉分级原则，分别由相关部门处理。

2）通过信函、营业厅等非95598渠道受理的投诉，由受理部门按照投诉分级原则，逐级向投诉归口管理部门上报，并由相关部门按投诉分级的原则处理。

3. 投诉分级

根据客户投诉的重要程度及可能造成的影响，将客户投诉分为特殊、重大、重要、一般四个等级。

（1）符合下列情形之一的客户投诉，界定为特殊投诉：

1）国家党政机关、电力管理部门转办的集体客户投诉事件。

2）省级及以上政府部门或社会团体督办的客户投诉事件。

3）中央或全国性媒体关注或介入的客户投诉事件。

4）公司规定的质量事件中的五级质量事件。

（2）符合下列情形之一的客户投诉，界定为重大投诉：

1）国家党政机关、电力管理部门、省级政府部门转办的客户投诉事件。

2）地市级政府部门或社会团体督办的客户投诉事件。

3）省级或副省级媒体关注或介入的客户投诉事件。

4）公司规定的质量事件中的六级质量事件。

（3）符合下列情形之一的客户投诉，界定为重要投诉：

1）县级政府部门或社会团体督办的客户投诉事件。

2）省会城市、副省级城市外的地市媒体关注或介入的客户投诉事件。

3）客户表示将向政府部门、电力管理部门、新闻媒体、消费者权益保护协会等反映，可能造成不良影响的客户投诉事件。

4）公司规定的质量事件中的七级和八级质量事件。

（4）一般投诉：影响程度低于特殊、重大、重要投诉的其他投诉。

4. 投诉处理部门

按照不同级别对客户投诉实施分级处理。特殊投诉由公司总部有关部门按业务管理范围归口处理，重大投诉由省公司本部有关部门按业务管理范围归口处理，重要投诉由地市供电企业本部有关部门按业务管理范围归口处理，一般投诉由所属地市、县供电企业有关部门按业务管理范围归口处理。

5. 投诉处理

（1）国网客服中心受理客户投诉诉求后，根据投诉客户重要程度及可能造成的影响等，按照特殊、重大、重要、一般确定事件的投诉等级，20分钟内派发工单。供电服务指挥中心根据地址和投诉分类派发至相应的地市、县供电企业，地市、县供电企业根据投诉等级按照相关要求处理投诉业务。工单反馈内容应真实、准确、全面，符合法律法规。重大、重要投诉，承办部门按照优先处理的原则开展调查、落实，每日向上级主管部门汇报一次工作进度。

（2）各地市、县供电企业营销部接收客户投诉工单后，应分别在2个工作小时内完成接单转派或退单，如可直接处理，按照业务处理时限要求完成工单回复工作。

符合以下条件的，工单接收单位应将工单回退至派发单位，重新派发：

1）非本单位供电区域内的，工单接受单位在退单时应写明退单原因以及建议派发单位。

2）国网客服中心记录的客户信息有误或核心内容缺失，接单部门无法处理的。

3）对于投诉工单一、二、三级分类错误的。

4）同一客户、同一诉求在业务办理时限内，国网客服中心再次派发的投诉工单。

（3）承办部门应在国网客服中心受理客户诉求后1个工作日内联系客户（保密工单除外），6个工作日内按照有关法律法规、公司相关要求进行调查、处理、答复客户并审核、反馈处理意见，国网客服中心应在接到回复工单后1个工作日内回访客户。供电服务指挥中心、地市、县供电企业根据投诉等级，按照相关要求处理投诉业务。工单反馈内容应真实、准确、全面，符合法律法规。

（4）重大投诉业务处理意见需经省公司相关部门审核后反馈国网营销部和国网客服中心。重大、重要投诉，承办部门按照优先处理的原则开展调查、落实，每日向上级主管部门汇报一次工作进度。

（5）客户针对同一事件重复投诉参照投诉升级处置原则处理。

6. 回单审核

国网客服中心、供电服务指挥中心、地市、县供电企业营销部逐级对回单质量进行审核，对回单内容或处理意见不符合要求的，应注明原因后将工单回退至投诉处理部门再次处理。对无法在时限内办结的客户投诉，继续对投诉处理情况跟踪督办。工单回复审核时发现工单回复内容存在以下问题，应将工单回退：

（1）回复工单中未对客户投诉的问题进行答复或答复不全面的。

（2）除保密工单外，未向客户反馈调查结果的。

（3）应提供而未提供相关95598客户投诉处理依据的。

（4）承办部门回复内容明显违背公司相关规定或表述不清、逻辑混乱的。

（5）其他经审核应回退的。

7. 回访

国网客服中心统一对通过审核的95598客户投诉开展回访工作。除客户明确提出不需回访的工单外，国网客服中心应在接收到工单处理反馈结果后1个工作日内完成回访工作（除保密工单外），并如实记录客户意见和满意度评价情况。

回访时存在以下问题的，应将工单回退：

（1）客户表述内容与承办部门回复内容不一致，且未提供支撑说明的。

（2）承办部门对95598客户投诉属实性认定错误或强迫客户撤诉的。

8. 客户催办

应客户要求，国网客服中心可以对正在处理中的投诉工单进行催办。

（1）国网客服中心受理客户催办诉求后应关联被催办工单，10分钟内派发工单。供电服务指挥中心在接到工单后10分钟内派单至相应的地市、县供电企业，地市、县供电企业须及时处理并办结。已生成工单的投诉诉求，客户再次来电要求补充相关资料等业务诉求的，需将补充内容详细记录并生成催办工单。

（2）同一事件催办次数原则上不超过2次。

（3）在途未超时限工单，办理周期未过半的工单由国网客服中心向客户解释，办理周期过半的工单由国网客服中心向各供电服务指挥中心派发催办工单。客户表示强烈不满，诉求有升级隐患或可能引发服务投诉事件等特殊情况，办理周期未过半的工单或已催办2次的工单，可由国网客服中心向各供电服务指挥中心派发催办工单，规避服务风险，避免引发舆情事件。

（4）客户催办时除客户提出新的诉求外，不应派发新的工单。

9. 投诉属实性认定

（1）95598客户投诉的属实性由承办部门根据处理情况如实填报。

（2）根据调查情况和责任归属，95598客户投诉分为属实投诉和不属实投诉两类。

下列情形之一为不属实投诉：

1）供电企业已按相关政策法规、制度、标准及服务承诺执行的。

2）客户反映问题无相关政策法规规定的。

3）客户反映问题与实际情况不符的。

4）客户提供的线索不全，无法进行追溯或调查核实的。

5）明显存在歪曲、捏造事实的。

10. 投诉申诉

（1）95598 客户投诉承办部门对业务分类、退单、超时、回访满意度、属实性存在异议时，由各地市供电企业发起，以供电服务指挥中心为单位向国网客服中心提出初次申诉。

（2）供电服务指挥中心与国网客服中心初次申诉结果不一致时，由供电服务指挥中心向国网营销部提出最终申诉，国网营销部做出最终认定。

11. 投诉升级处置

（1）服务类、营业类、停送电类投诉，客户针对同一事件在首次投诉办结后，连续 2 个月内投诉 3 次及以上且属实的，由上一级单位介入调查处理。

（2）供电质量和电网建设类投诉，客户针对同一事件在首次投诉办结后，连续 6 个月内投诉 3 次及以上且属实的，由上一级单位介入调查处理。

12. 证据管理

（1）证据种类。投诉证据包括书面证据、视听资料、媒体公告、短信等，原则上每件投诉证据材料合计存储容量不超过 5M。

1）书面证据指与 95598 客户投诉相关的以文字、符号、图形所记载或表示的材料。如信函、合同、申请单、通知单、整改通知书、相关文件等。

2）视听资料指利用录音、录像等技术手段反映的声音、图像以及电子计算机储存的数据等资料，包括电话录音、现场录音、录像、照片等。

（2）证据收集。95598 客户投诉处理承办部门在投诉处理全过程中应注重取证及证据的收集与保存，特别要注重第一时间的证据收集工作。

（3）归档上报。按照投诉分级、分类原则，由各承办部门存档投诉调查。

1）合同、业务受理申请单等与客户营业档案相关的书面证据，按照营业档案资料存档的要求执行。

2）客户信函原件按照档案管理的相关规定执行。

3）其他与 95598 客户投诉相关的证据材料，形成电子文档后，作为 95598 客户投诉工单附件。

4）重要、一般投诉证据保存年限为 3 年，特殊、重大投诉证据保存年限为 5 年，超过保存年限的投诉证据按照保密材料销毁要求执行。

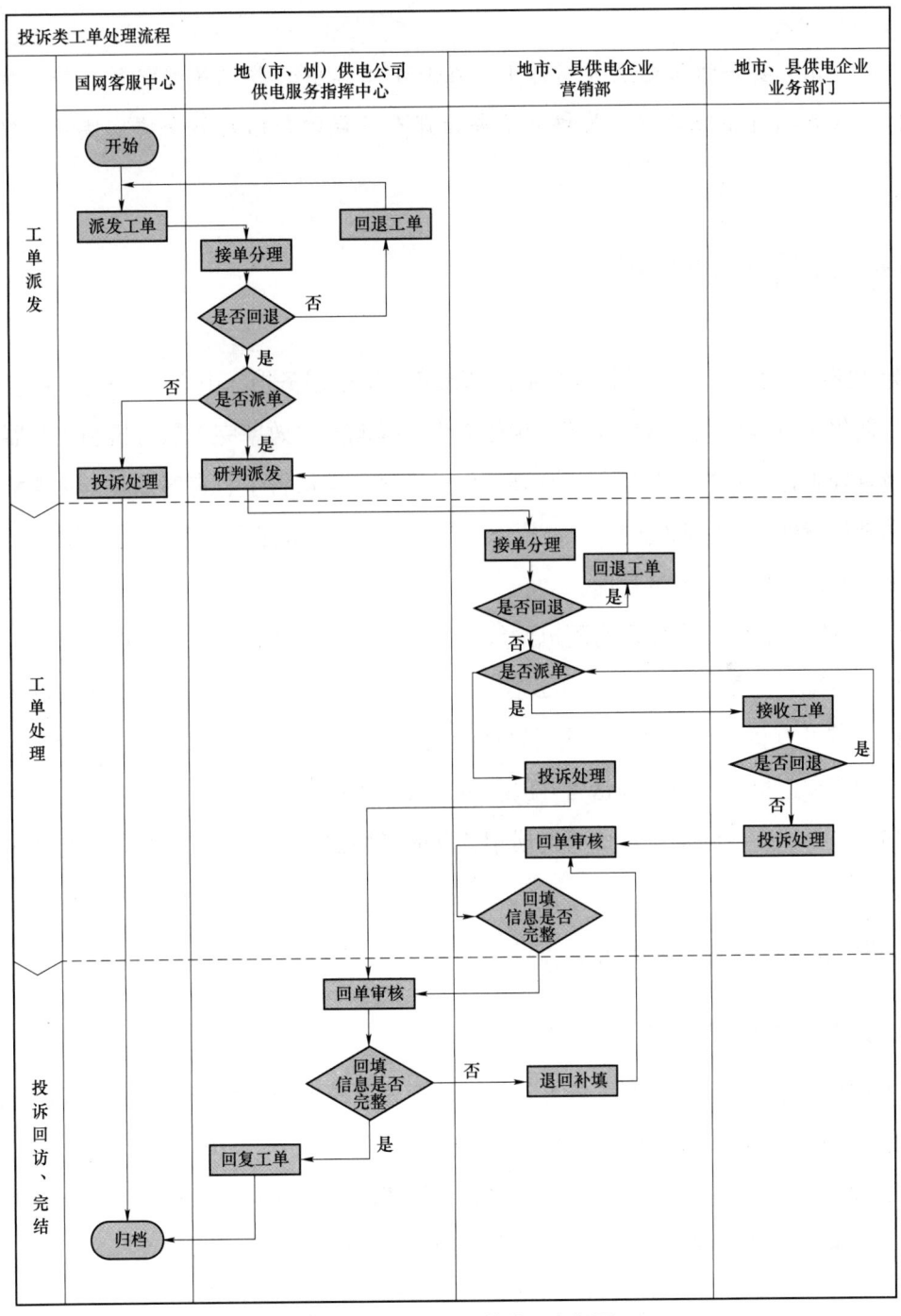

六、投诉类工单处理流程

投诉类工单处理流程图如图 5-2 所示。

图 5-2 投诉类工单处理流程图

第二节 业扩全流程监视督办

> **【小节描述】**
> 本小节主要介绍供电服务指挥中心在业扩工作中的监视督办职责,并以智能化供电服务指挥系统为例,为供电服务指挥人员详细介绍具体查询、监督、操作流程。

一、可开放容量管理

为适应电力改革、新能源迅速发展的新形势,供电服务指挥中心以客户需求为导向,进一步简化用电客户业扩报装手续、优化流程,提高办电效率完善服务机制,开展可装见容量管理工作。业扩全流程监视督办工作促进接入容量科学、有序发展,实现配网线路的精细化管理,在保障电网安全前提下,最大限度地实现业扩报装便民、为民、利民,规范配电网系统可开放容量管理。

可开放容量管理工作将现有配电网线路分级别进行梳理和归类,由责任部门进行滚动分析、定期发布配电网线路可开放容量、预警情况以及负荷情况。对符合条件的线路业扩报装可直接接入电网,简化了以往编制方案和审批流程,大大加快了接电速度。发展建设部和运检部门根据线路可开放容量及负荷需求提前做好电网规划、结构调整、建设和改造,建立电网建设与负荷发展相关联的良性快速反应机制,有利于电网的良性发展。

(一)可开放容量管理职责划分

1. 地市调控中心的职责

(1)建立地市公司配电网系统可开放容量管理工作组织体系,制定和修订通用的规章制度,建立联系函制度及相关监督、检查机制。

(2)根据配网调控中心及县级调控中心上报情况,负责汇总、发布《可开放容量一览表》(简称开放表,见表 5-2),并定期组织修编校核。

表 5-2　　　　　　　　××年××月配电网主干线新增业扩可开放容量表

序号	基本信息					历史运行信息			已批复待接入容量kVA	计算可开放容量kVA	上级电网允许可开放信息	实际可开放容量kVA	备注
	线路名称编号	所属变电站/主变额定容量kVA	线路性质	是否互供	最大允许电流A	允许载流量kVA	历史最大负荷电流A	历史最大负荷率	年度历史最大负荷kVA					

（3）负责牵头于每年迎峰度夏、迎峰度冬前联合地市公司运检部、营销部、基建部、发策部等职能部门进行一次对《开放表》的集中校核。

（4）负责汇总、发布《影响新增业扩可开放容量的受限设备信息表》（简称受限表，见表 5-3）。

表 5-3　　　　　　　影响新增业扩可开放容量的受限设备信息表

序号	基本信息					受限信息	备注
	受限线路	所属变电站	产权归属	线路性质	是否转供		

（5）负责发起联系函，解决《开放表》编制、发布过程中的各项联系事宜。

2. 配网调控中心、县级调度部门的职责

（1）负责收集由运检部提供的变电站、线路负荷受限信息，变电站可用间隔，电缆管沟信息。

（2）负责收集营销部门所提供的已批复未接入容量信息。

（3）根据运检部、营销部提供的信息计算线路的可开放容量。

（4）根据计算情况编制和定期修编（修编周期根据地市公司配电网规模大小分为按月或按季度进行）《开放表》，报地市调控中心批准。

（5）负责于每年迎峰度夏、迎峰度冬前将所辖线路的最大载流量、历史最大负荷等信息的变更情况进行修编，并报送地市调控中心。

（6）负责编制和定期修编《受限表》，详细说明设备不可开放原因，为大修技改、增容改造提供依据。

3. 相关部门的职责

（1）发策部负责定期向相应调控中心提供年度配电网规划方案及变电站、电力通道建设、市政配合建设情况。负责按照联系函提供《开放表》编制、校核及发布过程中所需的相应资料。

（2）运检部负责确定线路产权归属，并向相应调控中心、营销部门提供公用特殊设备、元件的载流容量；提供异常、故障、灾害等情况下的公用设备、元件载流容量；审核用户产权线路等设备的载流容量。负责按照联系函提供《开放表》编制、校核及发布过程中所需的相应资料。

（3）基建部负责根据《开放表》中不满足 $N-1$ 的线路，将确因负荷受限不能接入的项目纳入配电网改造计划，实施业扩电网配套工程建设。

（4）营销部负责及时收集、定期发布客户用电需求和报装受限信息。定期报送《开放表》所列线路的"营销已批复未接入容量"内容，负责按照联系函提供《开放表》编制、校核及发布过程中所需的相应资料。

（二）新增业扩可开放容量的计算

配电网线路可开放装见容量的计算分为两步，第一步判定线路所属主变的可开放条件，第二步，在符合线路所属主变可开放条件下，对线路可开放容量进行计算。在满足线路所属主变可开放条件下，对配电网线路可开放装见容量进行计算。配电网线路可接入容量计算公式如下：

$$S = \alpha \times (\beta I_a - I_b) \times U - S_{pf}$$

公式释义：

（1）开放系数 α，与线路平均负载率相关：$\alpha = \dfrac{\sqrt{3}}{\text{负载率统计平均值}}$

经过统计分析，配电网线路平均负载率一般在20%至50%之间，因此开放系数 α 一般取5，各地市调控中心可根据实际情况确定，其取值区间为：$\alpha \in [3,5]$。

（2）额定电流系数 β，它与线路产权归属相关，一般在未考虑线路 $N-1$ 时 β 取 0.85，考虑线路 $N-1$ 时 β 取 0.65。各地市调控中心可根据实际情况确定，从电网安全性出发，β 可取 0.65，但不得高于 0.85。特殊情况下，其最大取值区间为：$\beta \in [0.5,1]$。

（3）最小线路元件额定电流 I_a，是指配电网线路主干线上容量最小的元件的额定电流，包括变电站开关电流互感器容量、电缆额定运行电流、架空线路额定电流。一般可取电流互感器容量作为最小容量元件，特殊情况下根据线路实际情况确定。

（4）线路最大负荷电流 I_b。

（5）营销部门已批复未接入的容量 S_{pf}。

综合考虑配电网的安全经济调度及实际操作性，对配电网线路可开放容量计算值采用向上取整、并以1000kVA为间隔递进的原则给出实际评价建议，见表5-4。

表 5-4　　　　　　　　　　　　配电网线路可开放容量评价

可开放容量 S 计算值(kVA)	实际可开放容量评价（kVA）
$S \leq 0$	不开放
[0,1000]	1000
[1000,2000]	2000
[2000,3000]	3000
[3000,4000]	4000
[4000,5000]	5000
[5000,6000]	6000
[6000,7000]	7000
[7000,8000]	8000
[8000,9000]	9000
[9000,10000]	10000
…	…
$S \geq 15000$	按照实际计算结果取整，不高于 18000。

注：1. 因当前条件下线路最大开放不超过 18000kVA，因此凡是计算结果大于 18000kVA 的均按 ≤18000 公布。
　　2. 对在 $S \leq 0$ 的情况，若确需对线路接入负荷，则应在配电网线路加倍改接（即改 2 增 1）、转移负荷后方可按配电网所示允许值开放容量。

（三）新增业扩可开放容量受限设备信息发布管理

（1）满足下列条件之一的设备，应列为可开放容量的受限设备。

1）配电网主干线路年历史最大负载率大于等于 85%～90%的线路设备。

2）线路年历史最大负载率＝线路年度历史最大电流 I_{max}/线路最大允许电流 I_E×100%。

3）供电电压质量不满足要求的线路设备。

4）可开放容量小于等于 0 的线路设备。

5）限制业扩可开放容量的其他设备，包括 35kV 及以上电网的受限设备等。

（2）地市（县）公司责任部门应在每月 25 日之前完成调管范围内配电网主干线路可开放容量受限设备及限制业扩可开放容量的其他设备的统计分析工作。

（3）地市公司责任部门应在每月 30 日前，完成本公司所属配电网主干线路次月可开放容量受限设备信息表的汇总和编制，并经相关部门会签，地市公司分管领导签发后发布。列入业扩受限设备原则上不得再接入新增用户。

（四）特殊用户可开放容量管理

（1）双电源客户主供可用容量按未考虑线路 $N-1$ 的计算公式进行计算，备用容量视为已批复未接入容量。

（2）针对投运前的变电站，每条线路可供批复负荷不得超过 18 000kVA，每台主变正常方式下可供批复总容量不得超过主变额定容量的 2 倍。

（五）可开放容量管理流程

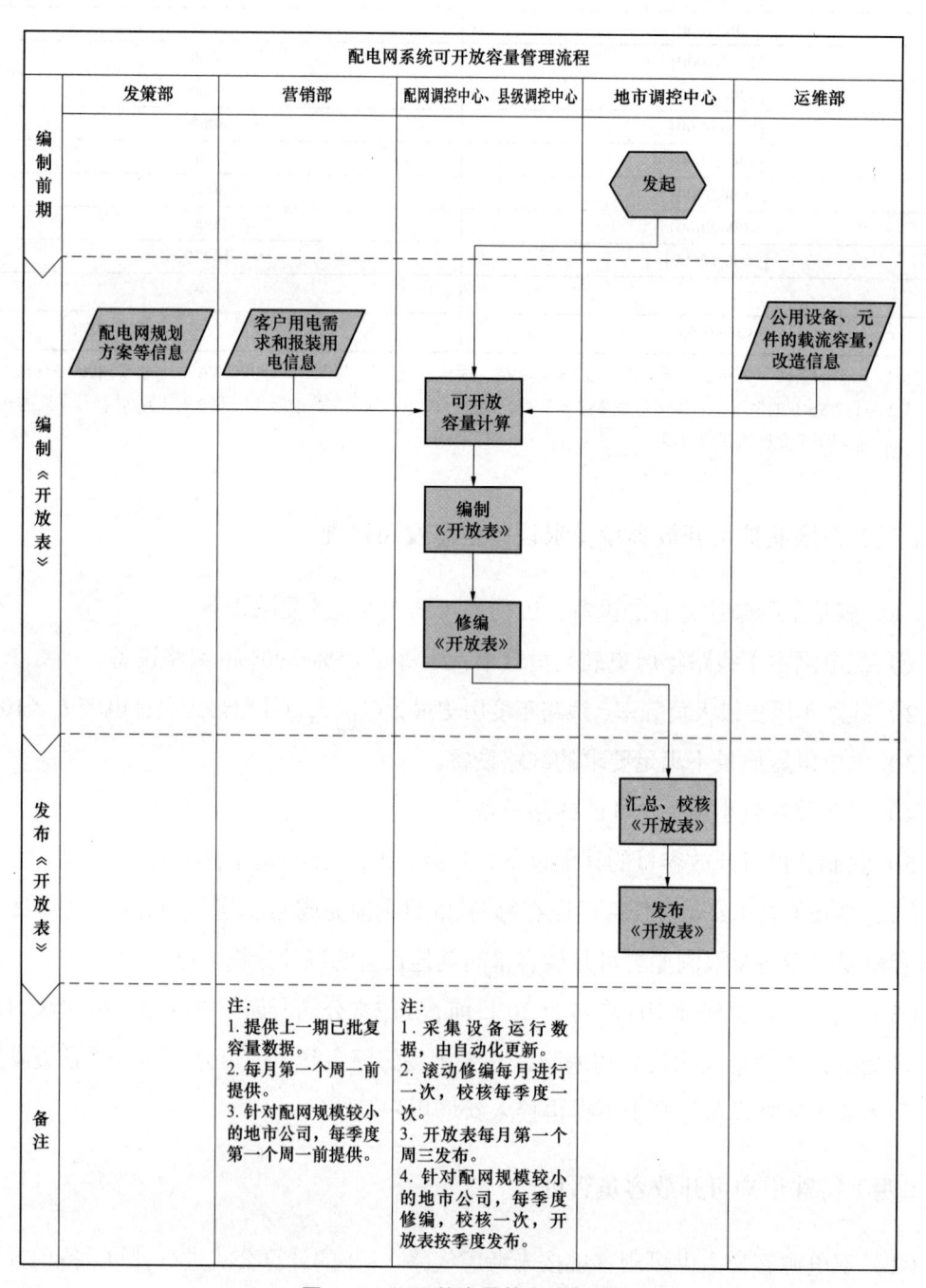

	发策部	营销部	配网调控中心、县级调控中心	地市调控中心	运维部
编制前期				发起	
编制《开放表》	配电网规划方案等信息	客户用电需求和报装用电信息	可开放容量计算 编制《开放表》 修编《开放表》		公用设备、元件的载流容量，改造信息
发布《开放表》				汇总、校核《开放表》 发布《开放表》	
备注		注： 1. 提供上一期已批复容量数据。 2. 每月第一个周一前提供。 3. 针对配网规模较小的地市公司，每季度第一个周一前提供。	注： 1. 采集设备运行数据，由自动化更新。 2. 滚动修编每月进行一次，校核每季度一次。 3. 开放表每月第一个周三发布。 4. 针对配网规模较小的地市公司，每季度修编、校核一次，开放表按季度发布。		

图 5-3 可开放容量管理流程图

二、业扩报装业务

（一）职责概述

供电服务指挥中心强化营配调专业协同管控，在业扩报装工作方面，主要负责依托业扩全流程实时管控平台进行电网资源信息公开、供电方案会签、接入电网受限整改、电网配套工程建设、停（送）电计划安排等线上协同流转环节的实时预警、协调催办；负责监控高压新装与增容平均办电时间，以及供电方案答复、设计文件审核、中间检查、竣工检验、装表接电环节的时长；负责监控业扩协同配套工程建设时长，协同通知应用反馈，送（停）电计划反馈、供电方案协同编制情况；负责监控结存情况、永久减容销户情况和变化趋势，暂停及暂停恢复的用户及容量构成情况和变化趋势；负责监控高压业扩时间异常情况；负责分析新装、增容、减容、暂停等业务的客户满意度、不满意原因、定位影响客户体验的主要问题；负责分析高压新装、增容业务整体平均时长变化趋势，内部协同情况，配套工程执行进度，评价业务成效，挖掘影响工作效率的主要环节和因素；负责分析高压新装、增容和减容销户情况，掌握新装增容、减容销户的用户及容量构成情况和变化趋势。

（二）业务流程

1. 协同流转预警

监控线上协同流转的业扩流程工单，对超过规定时长和应用率较低的工单进行预警和提醒。指挥人员监控内容包括受理时间、接电时间、答复供电方案时长、设计审核时长、中间检查时长、竣工验收时长、装表接电时长、工单总时长、配套工程建设时长、协同作业通知反馈时长、配套工程建设时长、协同作业通知反馈时长、送（停）电计划反馈时长、供电方案协同编制时长、电网受限项目、供电方案协同编制应用率、送（停）电计划流程应用率、协同作业通知应用率等。

以智能化供电服务指挥系统为例，可通过供电单位、时间节点、电压等级、环节部门进行查询数据。操作步骤：客户服务指挥—业扩全流程监视督办—协同流转预警，如图5-4所示。

2. 协同指标分析

此页面主要以百分比形式展示业扩工单处理流程所需时长及时长在各个环节时间占比、业扩专业协同情况占比以及业扩时限达标情况等信息。可通过供电单位、时间节点、电压等级进行查询。操作步骤：客户服务指挥—业扩全流程监视督办—协同指标分析，如图 5-5 所示。

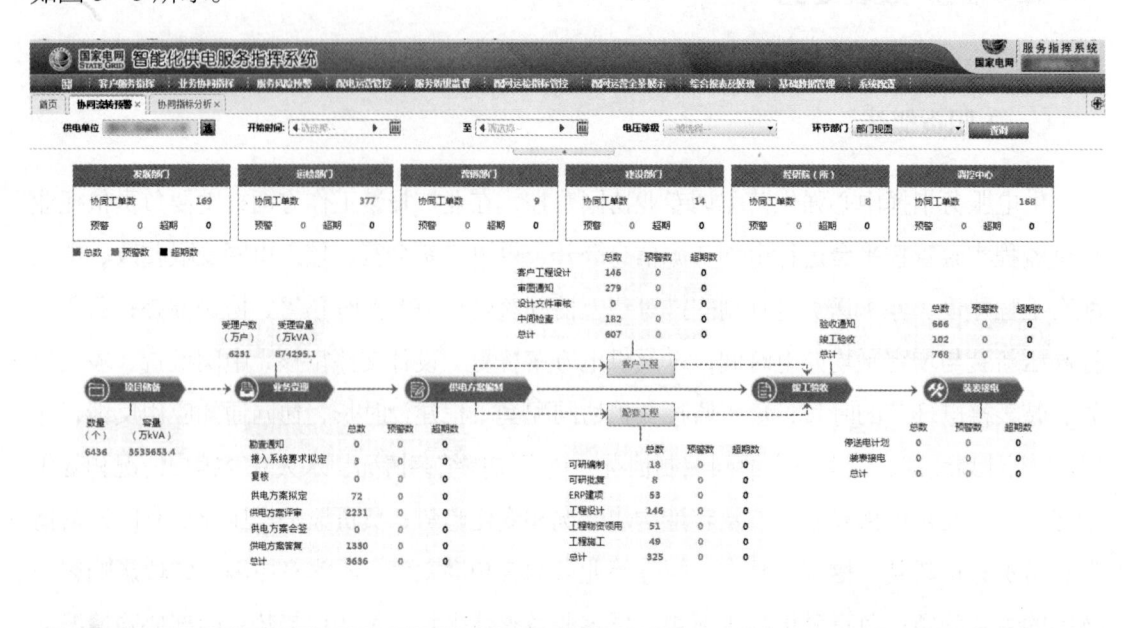

图 5-4 协同流转预警界面

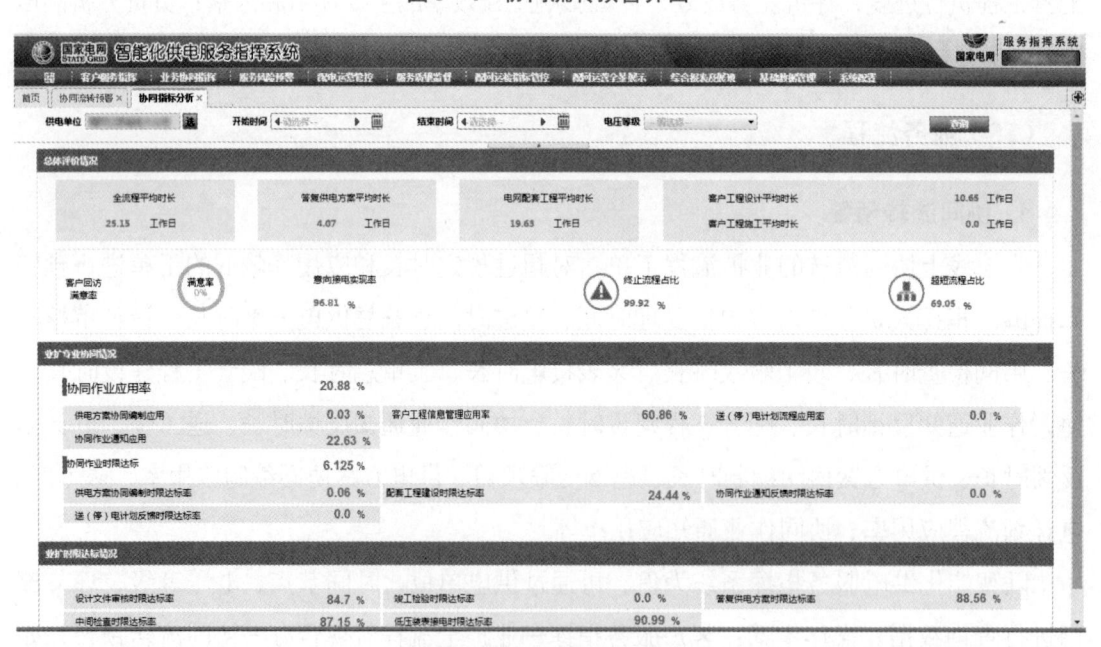

图 5-5 协同指标分析界面

3. 工单协调督办

指挥人员对业务超期工单及应用率的情况进行督办，派发给对应的协同部门，实现问题闭环管理。

当工单在某个环节时间快达到约定处理时间还未处理，可选中进行督办。可通过工单单位、编号、用户编号、姓名等信息进行筛选查询。操作步骤：客户服务指挥—业扩全流程监视督办—工单协调督办，如图5-6所示。

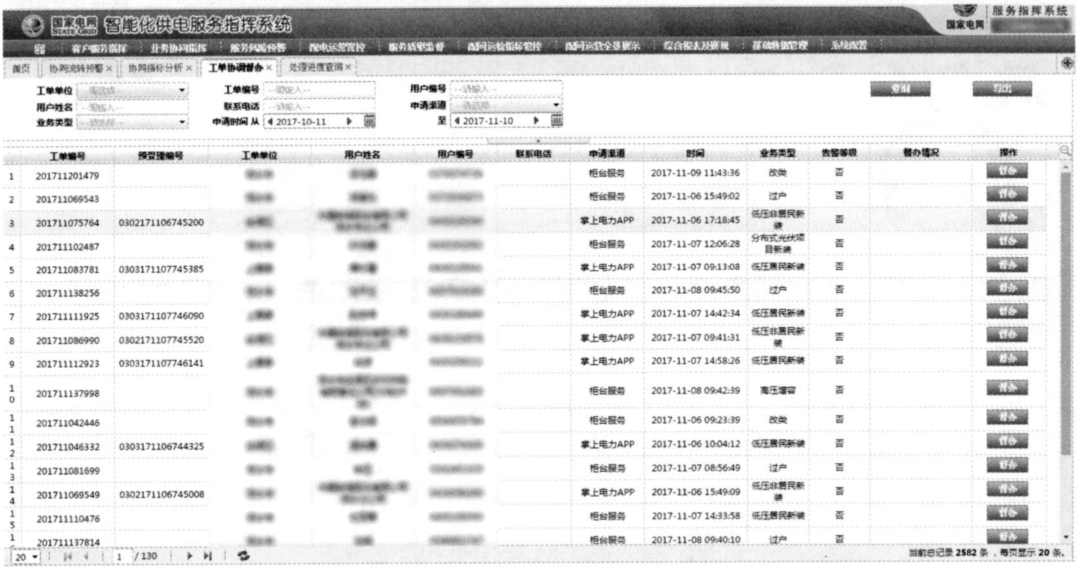

图5-6 工单协调督办界面

4. 处理进度查询

可通过时间、业务类型、编号等信息查询业扩工单所处状态，对工单全过程管控。操作步骤：客户服务指挥—业扩全流程监视督办—处理进度查询，如图5-7所示。

图5-7 工单处理进度查询界面

5. 业扩报装监控分析

（1）线上办理情况监控，如图5-8所示。

图5-8 线上办理情况监控界面

（2）高压新装与增容流程监控，如图5-9所示。

图5-9 高压新装与增容流程监控界面

（3）变更用电业务监控，如图 5-10 所示。

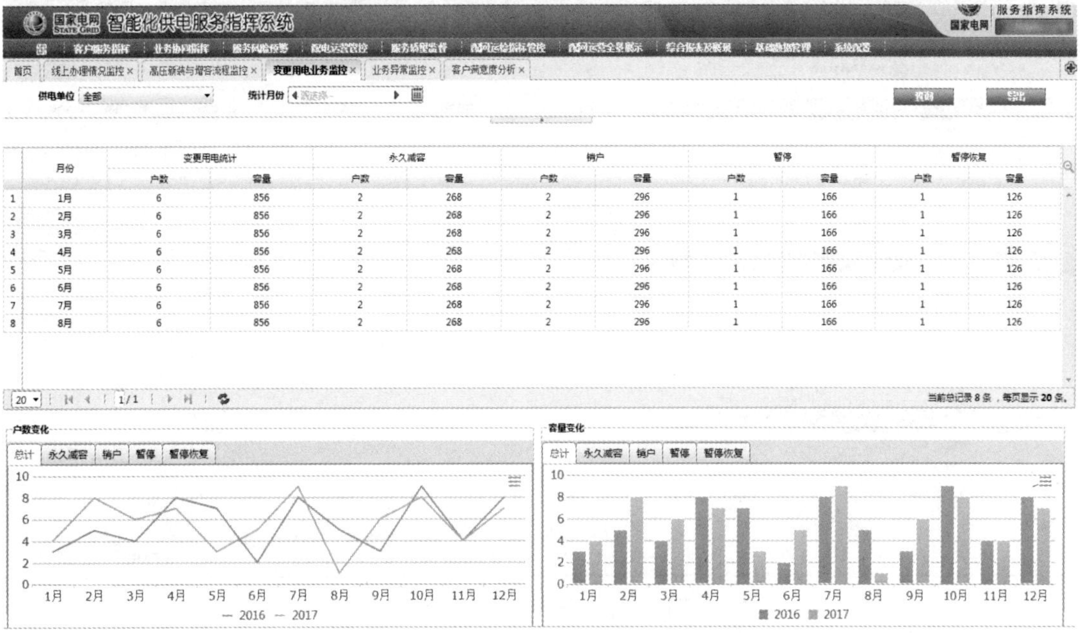

图 5-10　变更用电业务监控界面

（4）业务异常监控，如图 5-11 所示。

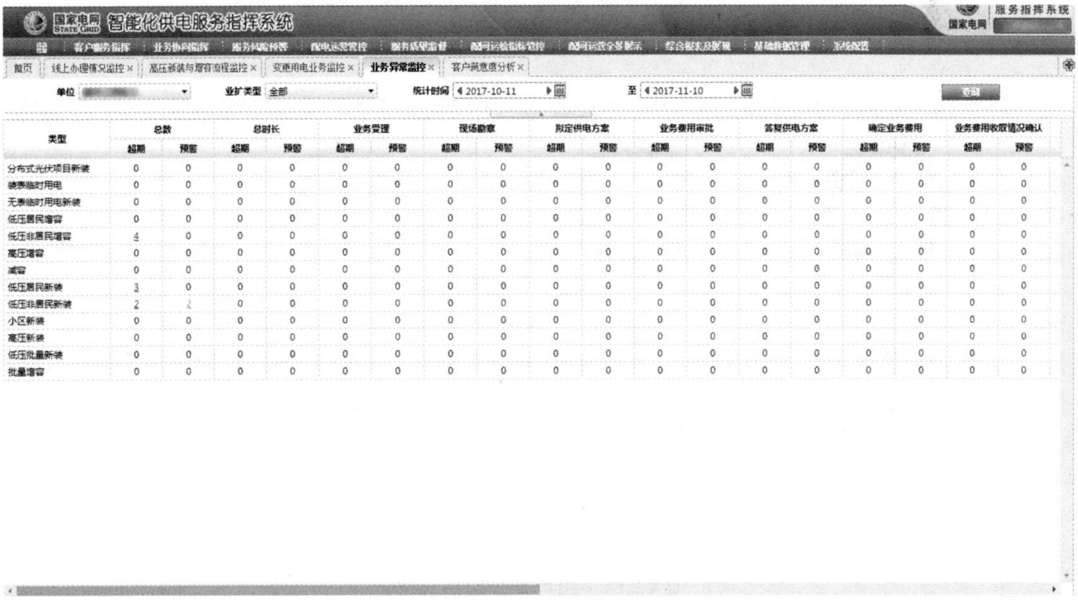

图 5-11　业务异常监控界面

（5）业扩负面清单，如图 5-12 所示。

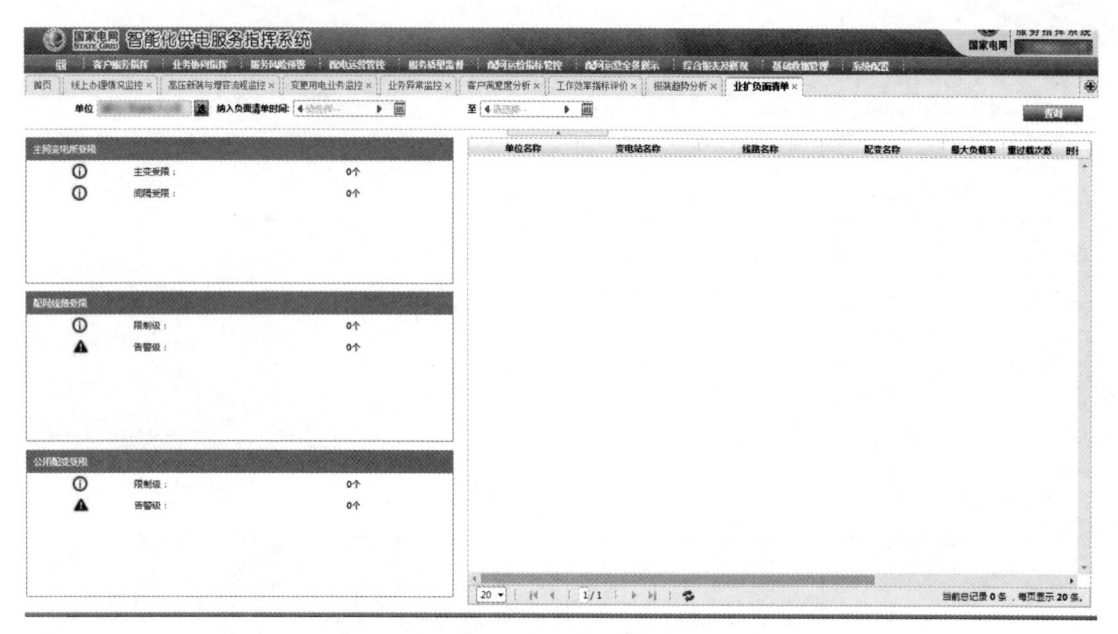

图 5-12　业扩负面清单界面

（6）客户互动统计，如图 5-13 所示。

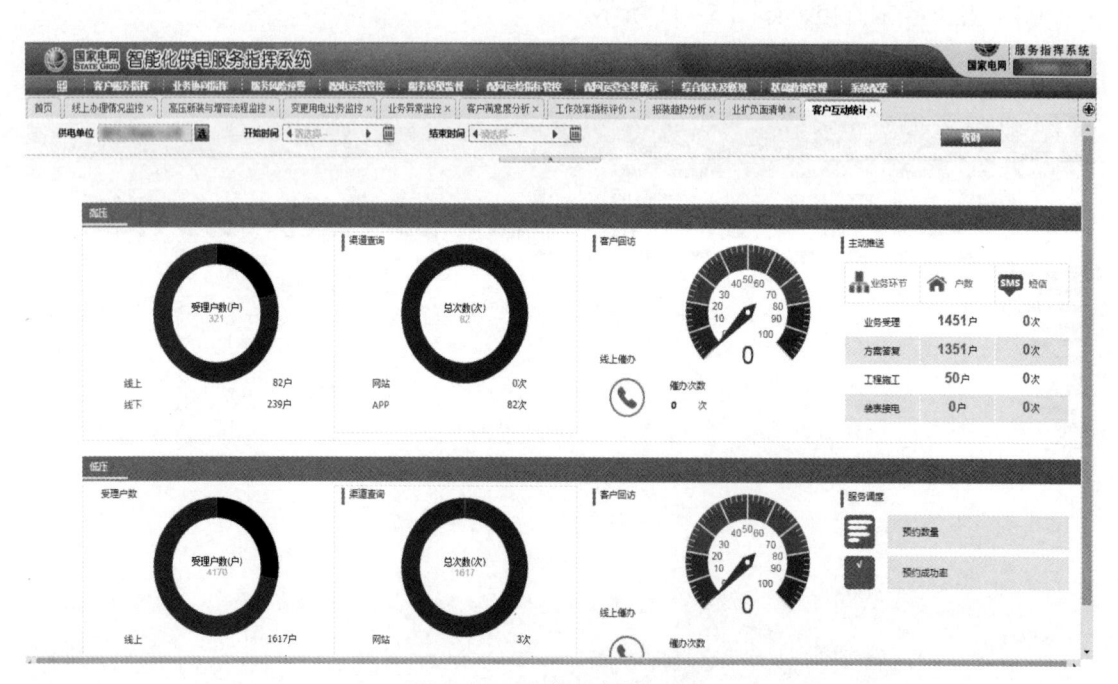

图 5-13　客户互动统计界面

(三)业扩全流程管控工作流程

业扩全流程管控工作流程图如图 5-14 所示。

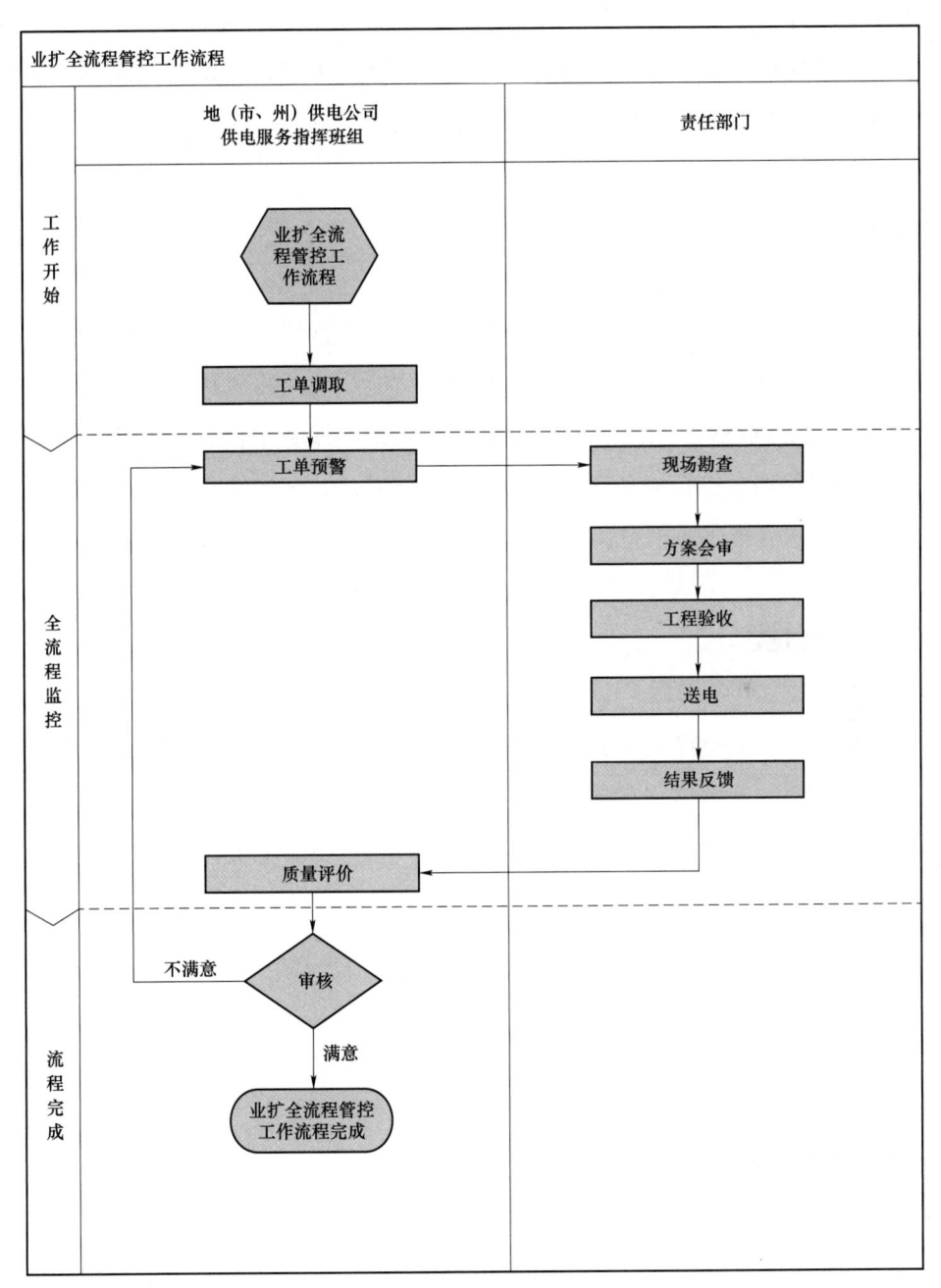

图 5-14 业扩全流程管控工作流程图

第三节 服务信息统一发布

> **【小节描述】**
> 本小节通过描述服务信息统一发布概述、具体发布信息分类以及发布内容和途径，详细介绍服务信息统一发布工作。

一、概述

服务信息统一发布指加强内部信息共享、工作节点管控、外部客户服务感知，实现各系统消息的统一接入，提供对内对外的 95598 智能互动网站、系统消息、电 e 宝、掌上电力 App、政务网站等线上发布通道，以及公司短信服务平台、广告机、多媒体播放终端、自助交费终端、综合服务平台等线下服务渠道，并制定统一消息发送策略，向内外部用户精准推送各类服务信息。

二、信息分类

对外信息模块包括抢修进度通知、停电信息通知、量价费信息通知三部分业务。对内信息模块包括重要服务事项报备、重要工单时限预警通知、重要流程环节督办三部分业务。

（一）对外信息

1. 服务进度通知

根据客户接收服务及时性需求，在服务进度达到节点的时候，根据配置的信息模板，通知客户服务进度。

2. 抢修进度通知

对故障抢修工单的主要节点，根据短信模板实时推送短信信息，告知客户抢修动态。短信发送节点有故障工单接单、抢修到达现场、恢复供电等。

查询 95598 工单派单记录，选择时间可查看在本段时间通过智能化系统受理的故障工单的派单记录。

3. 停电信息通知

根据信息发布模板，通过短信、电子渠道等方式将计划停电、临时停电、故障停电的停电信息通知用户，告知用户停电的停电时间、停电范围等。

4. 量价费信息通知

采取可配置的消息模板，通过短信、电子渠道等方式，向用户推送电费账单、欠费提醒、交费成功等电费信息。对于费控用户，实现费控开通通知、低于报警阀值告警、费控停电告警等功能。

（二）对内信息

1. 重要服务事项报备

重要服务事项报备是指按照《国网营销部关于95598重要服务事项报备管理的规定》要求完成重要服务事项的录入、审核、发布及分级、分类统计汇总。重要服务事项定义详见本章第五节。

2. 重要工单时限预警通知

对于配置短信关注的重要工单（在环节时限即将超期前某一时间段可配置）发送预警告知短信给处理人，提醒及时处理时限考核工单，场景有工单接单派工、工单处理等业务。

3. 重要流程环节督办

根据流程配置，对设定为重要流程环节的工单，在工单到达待办时，发送告知短信给处理人员，提醒及时处理工单。场景有抢修接单派工、抢修处理、预警派工、预警处理、停复电执行等业务。

第四节　95598知识库维护

> **【小节描述】**
> 95598知识库是客户服务的"大脑"。本小节主要通过如何发布知识、编辑知识、审核知识来详细介绍95598知识库的维护管理工作。

一、知识定义

95598知识是为支撑95598供电服务，规范、高效解决客户诉求，从有关法律法规、政策文件、业务标准、技术规范中归纳、提炼形成的服务信息集成，以及为提升客服代表的业务和技能水平所需的支撑材料。

95598知识管理是指基于95598知识库系统，及时获取生产、营销等各类与供电服务相关的信息，将其转化为客户服务所需的知识。

二、知识管理工作

知识管理工作内容主要包括知识采集发布、知识下线、分析与完善等工作。国网客服中心及各省客服中心应按照知识管理的有关规定，做好知识的采集、审核、提交。

95598知识管理遵循"统一管理、分级负责、及时更新、持续改善"的原则，主要内容包括知识采集发布、知识下线、分析与完善等。

三、知识来源

根据信息来源，知识分为国家及公司总部范围，国网客服中心范围，省公司范围，地市、县供电企业范围四类。

（1）国家及公司总部范围：全国性的法律法规、政策文件、业务标准、技术规范、服务承诺等。

（2）国网客服中心范围：国网客服中心制定的服务规范、作业指导书、操作手册、标准话术、95598客户服务中的经验总结等。

（3）省公司范围：全省范围的政策法规、文件制度、业务标准、技术规范、特色服务、电网建设等。

（4）地市、县供电企业范围：市及县范围的政策文件、业务标准、技术规范、营销服务、电网建设、停电信息发布渠道、抢修区域划分等。

四、知识需求分析

（1）国网客服中心每年组织开展知识应用情况调查，向网站客户、国网营销部和各省公司知识管理人员、客服代表等相关人员收集评价意见，形成调查报告，经国网营销部审定后，制定改进计划。

（2）国网客服中心实时收集知识使用人员对于知识范围和知识内容准确性方面的改进需求，分析评估后向各省公司发起知识采集任务。

五、知识采集完善

（1）国家相关法规、公司相关知识，由国网客服中心负责采集，经公司总部有关部门审核后发布。

（2）省公司知识，由省公司营销部组织采集、审核，并提交国网客服中心；各省公司在接到或发起知识采集任务后 4 个工作日内在知识库系统中完成知识编辑、审核工作。

（3）紧急知识采集按照知识采集发起单位要求办理。各省公司营销部每两年组织一次对知识库的全面审核，确保内容完整、准确、适用，满足客户化需求。

六、知识采集发布

1. 知识采集发起

根据知识来源不同，分别由国网客服中心、各省客服中心作为主体发起知识报送工作，工作要求按照知识采集发起单位的要求办理。

（1）国家及公司总部、国网客服中心范围知识由国网客服中心在知识库系统内发起"知识采集"流程。

（2）省公司，地市、县供电企业范围知识原则上由省客服中心在知识库系统内及时发起"知识采集"流程；国网客服中心通过 95598 话务被动得知，由其在知识库系统内发起"知识采集"流程。

（3）基层单位在了解到市、区、县范围内的政策文件、业务标准、技术规范、营销服务、电网建设等新增或发生变化后，立即发起知识库新增、变更或下线申请。

2. 知识编辑、审核

（1）各省公司在接到或发起知识采集任务后 4 个工作日内在知识库系统中完成知识编辑、审核工作。紧急知识采集按照知识采集发起单位要求办理。

（2）知识采集应根据知识类型选择对应的知识采集模板，将知识信息源按知识编辑模板的规范要求，编辑整理并转化为客户服务所需的知识。

七、知识规范性审核及发布

（1）国网客服中心在收到上报的知识后 1 个工作日内完成知识规范性审核及发布。

对规范性不符合要求的，将知识采集工单回退再次采集。

（2）知识采集工单规范性审核时发现内容存在以下问题的，应将工单回退至提交部门重新编辑：

1）知识内容与有关法律法规、政策文件、业务标准、技术规范相冲突。

2）知识内容、格式不符合知识采集报送规范和要求。

3）知识内容表述不清晰、知识内容与知识采集需求不对应、相关知识之间表述不一致。

八、知识下线

当知识不适用时，经专业管理部门审核后，由知识采集单位及时发起知识下线流程，1个工作日内完成知识下线流程。

九、分析与完善

（1）国网客服中心实时收集知识库改进需求，分析评估并改进完善。

（2）国网客服中心每年组织开展知识适用情况调查，形成调查报告，制定改进计划并组织实施。

（3）各省公司营销部每两年组织一次对知识库的全面审核，确保内容完整、准确、适用，满足客户化需求。

第五节 重要服务事项报备

> 【小节描述】
> 本小节介绍了重要服务事项报备工作，对报备范围、报备流程、时限要求以及相关注意事项都做了详细说明。

一、重要服务事项定义

重要服务事项是指符合《国家电网公司95598客户服务业务管理办法》"其他供电服

务信息"范畴,给客户供用电带来影响,可能会引发客户咨询、投诉、群体性反映的供用电服务事件,或客户恶意投诉可能给基层供电服务工作造成影响的事件。

二、重要服务事项报备范围

(1)配合政府部门工作,需要采取停限电等措施影响供电服务的事项。包括安全维稳、拆迁改造、污染治理、产业结构调整。

(2)因系统升级、改造无法为客户提供正常服务,对供电服务造成较大影响的事项。包括营销业务应用系统、掌上电力、网上营业厅等面向客户服务的平台及第三方支付平台。

(3)因地震、泥石流、洪水、台风灾害造成较大范围停电、供电营业厅或第三方服务网点等服务中断,对供电服务有较大影响的事项。

(4)供电企业确已按相关规定答复处理,但客户诉求仍超出国家有关规定的,对供电服务有较大影响的个体重要服务事项。包括青苗赔偿(含占地赔偿、线下树苗砍伐)、停电损失、家电赔偿、建筑物(构筑物)损坏引发经济纠纷;因触电、电力施工、电力设施安全隐患等引发的伤残或死亡事件;因醉酒、精神异常、限制民事行为能力的人提出无理要求;因供电企业电力设施(如杆塔、线路、变压器、计量装置、分支箱等)的安装位置、安全距离、噪声和电磁辐射引发纠纷。

(5)因员工私人问题引起的经济纠纷、个人恩怨、个人作风、违约用电及窃电用户不满处罚结果,来电反映服务态度和规范可能引起的恶意投诉事项。

(6)其他需要报备的事项。

三、报备流程

1. 发起

(1)地市、县供电企业范围内的重要服务事项由地市公司填写《重要服务事项报备表》,由地市公司责任部门分管副主任或以上领导审核签字、加盖部门(单位)公章后,在系统中发起并提交省客服中心审核。个体重要服务事项报备还需提交省相关责任部门分管副主任或以上领导审核签字并加盖部门(单位)公章。

(2)省公司范围内的重要服务事项原则上由省客服中心负责发起。

(3)省公司,地市、县供电企业在重大服务事件发生后第一时间将事件发生的时间、地点和初步原因、可能造成的影响及时上报；在重大服务事件发生后 24 小时内，将事件的详细处理情况以书面形式上报；在事件妥善处理后，重大服务事件报告经省公司相关管理部门审核后再次以书面形式上报国网营销部和国网客服中心。

2. 省客服中心审核

省客服中心负责本省《重要服务事项报备表》审核，对不符合报备管理规定的，回退至属地单位或部门；对符合报备管理规定的，提交国网客服中心审核，同步报备国网营销部。

3. 国网客服中心审核

国网客服中心负责审核重要服务事项报备表填写的规范和内容，对不符合要求的，填写原因后回退至发起单位完善后再次提交审核；对符合规范、满足使用条件的发布使用。

4. 发布

通过审核的报备重要服务事项，国网客服中心负责发布并同步报送国网营销部。报备事项在 95598 业务支持系统界面上滚动显示，全流程实行线上痕迹管理。

5. 使用

（1）国网客服中心负责《重要服务事项报备管理规定》的宣贯，报备的重要服务事项与客服专员填写的客户地址相关联，精确至市（县）级，并在业务受理页面警示提醒。

（2）国网客服中心对使用重要服务事项答复的工单进行标记，每月对各单位重要服务事项报备和使用效果情况统计分析后报国网营销部。

（3）客服专员应比对客户诉求和相关单位报备的重要服务事项，及时做好客户解释工作。

（4）当客户诉求与报备范围（1）~（4）的重要服务事项对应时，应按以下标准派单：

1）符合报备范围的，做好客户服务解释工作并以咨询工单办结，不再派发新工单。

2）客户对报备重要服务事项答复内容不认可的，原则上以咨询工单办结。

3）客户诉求超出重要服务事项报备范围的，按相应业务分类标准派单。

（5）对报备范围（5）和（6）的重要服务事项不派发投诉工单，按照客户诉求派发意见工单。

6. 撤销

省客服中心应及时跟踪所报备事项进展，对已结束的报备事项，省客服中心应在一个工作日撤销报备。

95598 重要服务事项报备业务流程图如图 5-15 所示。

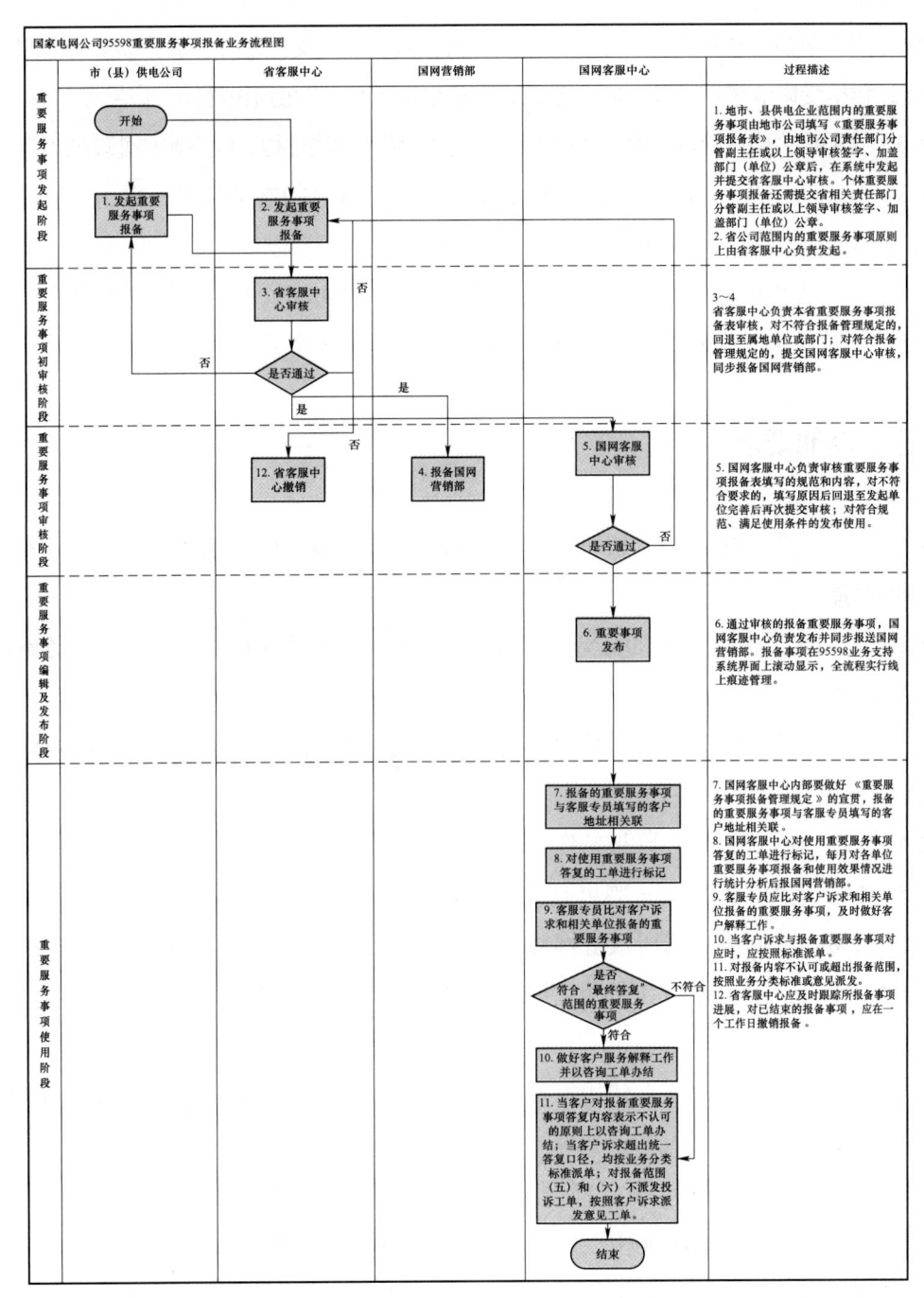

图 5-15 重要服务事项报备流程图

四、重要服务事项报备内容

（1）重要服务事项报备内容应包括申请单位、申报区域、事件类型、事件发生时间、影响结束时间、申请人联系方式、上报内容、应对话术及相关支撑附件。客户资料颗粒度应尽量细化，包括受影响客户列表、联系方式、详细地址（小区、街道或村）、户号等信息。

（2）报备内容中应简述问题处理过程，如起因、事件发展过程、联系客户处理结果等。

（3）报备内容中应包含国网客服中心受理客户诉求时的参考话术，采用一问一答的形式，问答需涵盖报备事项要点，答复用语文明规范。

（4）附件提供的相关支撑材料应包括重要服务事项的相关证明文件或照片。

（5）事件跨度时间应尽可能准确，原则上不应超过3个月。

五、其他要求

（1）省客户服务中心应严格审核报备事项及材料质量，确保报备事项客观真实、资料准确翔实。

（2）国网客服中心发生三级及以上话务应急期间，应急人员应按照重要服务事项报送规范执行。

（3）国网客服中心客服专员根据报备材料答复客户，造成的不满意评价和对内投诉可剔除。

（4）省公司不得以事件已报备作为退单依据。

（5）报备范围（2）、（3）的重要服务事项，在非工作时间，可以先行线上报备，在上班后第1个工作日内完成所报备材料的签字、盖章，并报送国网客服中心备查。

（6）报备范围（5）、（6）的重要服务事项，各单位需先线下报送国网营销部批准后发起报备流程。

（7）国网客服中心对所有使用报备事项受理的工单须在系统中标记并100%质检，国网营销部将进行抽查。

（8）国网客服中心每月26日报送上月26日至本月25日各单位重要服务事项报备及使用情况统计（含报备事项使用工单明细和对内投诉工单明细）。

（9）2018年7月26日起，增加经中央气象台发布的红色预警恶劣天气的紧急重要服务事项报备流程，增加经地市级以上政府批准执行有序用电限电的紧急重要服务事项报备流程。同时明确各层级的重要服务事项报备审核时限：各级审核单位在2个工作日内完成审核工作，节假日可先通过电话、微信、短信等渠道进行预审核；各单位在95598重要服务事项报备中尽可能增加报备事件影响的客户具体信息，如客户名称、地址、用电编号、设备编号等。

六、重要服务事项报备表

重要服务事项报备表见表 5-5。

表 5-5

×××公司《关于×××事件》重要服务事项报备表

序号	事件过程	工作建议	影响范围	影响时间	统一答复口径	支撑材料	开始时间	结束时间	工单编号	责任单位（部门）	责任单位（部门）联系人、职务、岗位、联系电话	审核单位（部门）	审核单位（部门）联系人、职务、岗位、联系电话	备注
	简述问题处理过程（用最简洁的语言描述事件过程：①起因；②事件发展过程；③联系客户处理结果）	对问题处理的工作建议可对国网客服中心或省客服中心提出相关工作建议，举例建议呼叫中心建议客服专员答复客户诉求时注意哪些沟通技巧）	影响客户群体或其涉及的地理范围	事件影响的时间	采用一问一答的形式，对客户打电话询问的问题进行答复，答复内容注意引用服务用语，便于客服人员使用并有效地说服客户。举例：1. 客户咨询为何给其停电？答复：2. 客户咨询何时送电？答复：3. 如果客户对以上答复意见不认可，则建议客户怎样处理	1. 列出汇报材料的电子文档及相关证明文件附件的名称。2. 嵌入文档及相关证明文件附件（嵌入方法：插入-创建-由文件创建-添加需要嵌入的文件后点选"显示为图标"）			填写"国网工单编号"	填写"责任归属单位或部门"		审核要求：市县级对审核，职能管理部门对业务处理部门审核		添加市公司审核人签字并加盖单位公章的扫描件

注　表中各项目需逐一填报到 95598 业务支撑系统中重要事项报备界面内容中。

第六节 典型案例

一、非抢修业务案例

【案例提要】客户反映 2017 年 5 月 10 日到营业厅申请办理更名过户业务,至今未办理完成,已超过规定时限。

【案例分类】用电变更—业务办理超时限

【事件过程】

投诉人蔡先生为某市用户,该户档案在 SG186 系统中的供电单位为东某供电所。投诉人于 5 月 10 日到利某供电营业厅申请办理更名过户业务,按要求提供了户主身份证复印件、房产证复印件,并填写了变更用电申请书及居民生活供电合同。因营业厅工作人员林某疏忽大意,在受理投诉人更名业务后,未认真查明是否具有该项更名业务流程的相应操作权限,就直接启动流程并当场告知投诉人已受理更名,待系统流程完成即更名成功。之后,因林某疏忽大意,未发现市客户服务中心无权限处理该户更名业务,也未及时跟踪催办该业务,且未做好相应交接工作,导致该业务长达 47 天一直处于无人处理的状态,最终导致投诉人拨打 95598 服务热线投诉。

【违规条款】

(1)违反了《国网公司供电服务规范》第四条第五款"熟知本岗位的业务知识和相关技能,岗位操作规范、熟练,具有合格的专业技术水平。"

(2)违反了《国家电网公司供电服务质量标准》第 6.18 节:"居民用户更名、过户业务在正式受理且费用结清后,5 个工作日内办理完毕。"

【暴露问题】

(1)营业厅工作人员林某岗位业务技能欠缺,工作责任心不强,未认真履行岗位职责在规定时限内处理客户业务。

(2)营业厅班组管理工作存在漏洞,班组交接班制度不完善,业务流程未做到闭环,导致客户诉求长时间未得到解决,直至客户投诉。

(3)营业厅对日常业务监管力度不够,业务办理未与系统同步流转,业务台账未及时核对及清理,导致遗漏的工作项不能被及时发现,存在较大的服务隐患。

【造成影响】

因营业厅工作人员工作疏忽，加之营业厅班组对相应业务的管控不到位，导致一个简单的更名过户业务未及时处理，且无人督办、业务超时长达一个多月，最终引发了影响公司同业对标指标的二类服务不规范投诉事件。

【应急处理】

7月4日，营业班已将该户业务资料传递至东某供电所，东某供电所工作人员已经将投诉人的更名业务办理完毕，且已转告投诉人，最终处理结果投诉人表示满意。

【措施建议】

（1）加强营业厅工作人员岗位技能和服务规范的培训，提升员工职业素养，强化工作质量管控，加强班组业务培训，严格落实窗口服务相关规范，在规定时限内办理各项业务。

（2）进一步强化工作人员服务规范、提升服务质量、规范服务行为。

（3）建立业务工单督办机制，推进业扩全流程线上督办管理，加强营业厅日常业务监管，加强业务台账的有效管理，避免出现流程超期现象。

（4）加大考核力度，除对当事责任人员进行考核外，负有监管责任的营业厅相关管理人员应一并纳入考核。

【入选典型案例理由】

当今社会无论哪行哪业，客户对业务及服务的办理质量、办理效率均是要求精益求精。供电营业厅是广大电力客户办理各项业务的主要场所，一线窗口工作人员的服务行为、服务规范、服务质量是国家电网公司企业形象的直接体现。本案例中，营业厅前台从业人员严重违反业务办理完毕时限要求，造成客户诉求一直被拖延，直至投诉方才得到解决。暴露出责任单位在业扩报装有关流程环节的执行过程中，存在服务不规范和管理不到位等问题，直接对公司系统的同业对标指标和服务形象造成影响，具有较强典型性。同时，责任单位应举一反三，对照公司系统有关规章制度，严查营业厅服务不规范、未按流程办理业务、业务监管存在漏洞等管理问题，切实杜绝此类问题的重复发生。

二、可开放容量计算案例

【案例1】某站某主变所带的××线××开关，该线路最小元件额定电流为400A，该线路历史最大负荷为243A，线路的最大负荷/额定容量比为60.75%。营销部门暂未对该线路批复未接入容量。根据考虑线路$N-1$时的计算公式：

$$S = \alpha \times (\beta I_a - I_b) \times U - S_{pf}$$
$$= 5 \times (400 \times 0.65 - 243) \times 10 - 0$$
$$= 850 \text{kVA}$$

按照计算结果与最终公布可开放容量的对应关系，该线路的可开放容量为1000kVA。

【案例2】某站1号主变所带的10kV××线××开关，该主变额定容量为50MVA，历史最大负荷为43.3MW，主变最大负载率为86.6%。10kV××线路最小元件额定电流为400A，该线路历史最大负荷为289A，线路的最大负荷/额定容量比为72.25%。营销部门对该线路的已批复未接入容量为1030kVA，根据考虑线路 $N-1$ 时的计算公式：

$$S = \alpha \times (\beta I_a - I_b) \times U - S_{pf}$$
$$= 5 \times (400 \times 0.65 - 289) \times 10 - 1030$$
$$= -2480 \text{kVA}$$

按照计算结果与最终公布可开放容量的对应关系，该线路无可开放容量。

若营销部门拟批复的1030kVA负荷所属用户确需将负荷接至10kV××线上，则在该线路已改接不低于2060kVA的负荷至其余线路的情况下，可批准用户接入该线路。

三、服务信息统一发布案例

【案例1】××公司发生计划停电或故障停电后，可对敏感用户、重要用户、高压用户、低压非居民、低压居民分别发送告知短信，以做到安抚客户情绪。

发布短信模板：尊敬的客户，您好！您所在的区域处于故障停电范围，停电原因：电缆头爆炸，停电开始时间：2018-09-03 10:56，预计来电时间：2018-09-04 10:56，请知悉，给您工作生活带来不便，请予谅解。如有疑问请致电{地市电话}，未停电请忽略。【××供电公司供电】

【案例2】××供电公司在接收到用户报修工单后，可对用户发送短信，告知抢修进度以及停电原因。

发布短信模板：1. 尊敬的客户：您好！目前因外力破坏造成您所在区域停电，{抢修人员}正在处理，给您生活带来不便，敬请谅解。如有疑问请致电{地市电话}，未停电请忽略。【××供电公司】

2. 尊敬的客户：您好！目前因雷雨恶劣天气造成您所在区域停电，{抢修人员}正在处理，给您生活带来不便，敬请谅解。如有疑问请致电{地市电话}，未停电请忽略。【××供电公司】

思考与练习

1. 非抢修类工单包括内容较多，请简述不同非抢修工单的时限及处理流程。
2. 从自身工作思考，如何降低投诉？
3. 简述重要服务事项报备的范围。
4. 国网公司为什么要加强业扩报装全业务全流程管理？
5. 指挥人员需要在业扩全流程工作中监视什么？

第六章
供电服务指挥评价考核

知贤之近途,莫急于考功。功成考,则治乱暴而明,善恶信则直。

——东汉·王符

供电服务指挥业务评价指标分为定性指标和定量指标，定性指标是指业务内容完成质量的评估，定量指标是指评价指标完成目标值的评估。评价考核应作为一种管理手段而非管理目的，其目的是通过评价考核来提升服务，解决服务中存在的问题。本章主要根据国家电网公司供电服务"十项承诺"及《国家电网公司 95598 客户服务业务管理办法》介绍了供电服务指挥业务相关的评价指标、指标定义、计算方法，申诉业务的要求和处理规范。

第一节　供电服务指挥业务评价指标

> 【小节描述】
> 本节主要介绍了供电服务指挥业务相关的评价指标、指标定义及计算方法，通过指标分类描述，全面认识和掌握供电服务指挥业务相关的评价标准。

一、95598 工单指标

1. 95598 工单派单及时率

指标定义：工单派单及时数占工单派发总数的比例。

计算方法：95598 工单派单及时率＝95598 工单派单及时数/派发工单总数×100%。

2. 工单回填及时率

指标定义：工单回填及时数占工单派发总数的比例。

计算方法：95598 工单回填及时率＝工单回填及时数/派发工单总数×100%。

3. 工单回填规范率

指标定义：工单回填规范数占工单派发总数的比例。

计算方法：95598 工单回填规范率＝工单回填规范数/派发工单总数×100%。

4. 研判及派单平均时长

指标定义：所有工单研判的平均用时。

计算方法：研判及派单平均时长＝所有工单用时之和/所有工单数。

5. 工单转派率

指标定义：转派工单数量占已接受工单总数（减去退单总数）的比例。

计算方法：工单转派率＝转派工单数量/（工单总数－退单数）×100%。

6. 故障报修兑现承诺率

指标定义：故障报修在规定时限内到达现场的抢修工单占下派的抢修工单总数的比例。

计算方法：故障报修兑现承诺率＝（1－未兑现承诺的工单数/已受理派发故障报修工单总数）×100%。

7. 未拦截工单数量

指标定义：正确报送停送电信息后，超出规定时间（10分钟），客服中心未拦截工单总数。

计算方法：客服中心未拦截工单之和。

8. 工单处理最高效率

指标定义：统计一个月内，单位时间（15分钟）内每人处理工单的最大数量。

计算方法：工单处理效率＝15分钟处理工单数/上班人数。

工单处理最高效率＝一个月中工单处理效率的最大值。

二、信息报送指标

1. 生产类停送电信息编译报送及时率

指标定义：生产类停送电信息编译及时数，占应报生产类停送电信息总数的比例。

计算方法：生产类停送电信息编译报送及时率＝生产类停送电信息编译及时数/应报送生产类停送电信息上报总数×100%。

2. 生产类停送电信息编译准确率

指标定义：生产类停送电信息编译报送准确数，占应报送生产类停送电信息总数的比例。

计算方法：生产类停送电信息编译准确率＝生产类停送电信息编译准确数/应报送生产类停送电信息上报总数×100%。

三、配电运营管控指标

1. 配电变压器重过载率

指标定义：配网设备中配电变压器重载、过载数，占配电变压器总数的比例。

计算方法：配电变压器重载率＝配电变压器重载数/配电变压器总数×100%。

配电变压器过载率＝配电变压器过载数/配电变压器总数×100%。

2. 配电变压器三相不平衡度

指标定义：配网设备中配电变压器三相不平衡数，占配电变压器总数的比例。

计算方法：配电变压器三相不平衡度＝配电变压器三相不平衡数/配电变压器总数×100%。

3. 配电变压器电压异常率

指标定义：配网设备中配电变压器电压异常数，占配电变压器总数的比例。

计算方法：配电变压器电压异常率＝配电变压器电压异常数/配电变压器总数×100%。

四、客户服务指挥指标

1. 业务处理及时率

指标定义：各省公司在规定时限内及时处理回复（从最后一次接单分理到达时间到工单第一次回单确认提交时间）的工单数量，占已形成并下发处理的工单数量的比例。

计算方法：业务处理及时率＝规定时限内回单确认工单数/应及时回单确认工单总数×100%。

2. 95598业务处理满意率

指标定义：统计时段内客户对各单位处理工单服务评价满意的数量占接收调查数量的比例。

计算方法：95598业务处理满意率＝（1－评价不满意的工单数/参加评价工单总数）×100%。

3. 多次工单回退率

指标定义：工单在处理中，一次回退后，仍存在工单处理内容不规范或属实性认定错误等情况，被二次及以上退单的工单数，占已下发工单数的比例。

计算方法：多次工单回退率＝多次工单回退数/下发工单总数×100%。

4. 工单填写规范率

指标定义：统计时段内国网客服中心和各单位规范填写的工单数量占各自填写工单数量的比例。

计算方法：工单填写规范率＝（1－因工单填写不规范退单数/派发工单总数）×100%。

5. 知识报送合格率

指标定义：在规定的时间内报送的及时、准确知识信息数量，占应报送知识信息总数的比例。

计算方法：知识报送合格率＝规定时间准确、及时、规范报送的知识数/国网客服中心下达需更新的知识数×100%。

五、服务质量监督指标

1. 话务投诉比率

指标定义：受理派发投诉工单总数，占人工呼入接听数的比例。

计算方法：话务投诉比率=投诉数/95598人工呼入接听数×100%。

2. 重复投诉

指标定义：一个月内同一客户、同一电话号码对同一事件重复投诉两次及以上的投诉事件数。一个月指月度报表统计周期。排除以下情况：经公司认定为恶意投诉或不合理诉求的重复投诉事件；工单已办结但客户再次来电对原来的处理结果又提出新的诉求；投诉工单在途未超时，客户再次来电投诉同一事件；扣除最终答复工单数。

3. 95598供电服务分析报告合格率

指标定义：分析报告合格次数占分析报告需完成次数的比例。

计算方法：供电服务分析报告合格率=（1－分析报告不合格次数/需完成分析报告次数）×100%。

4. 重复诉求

指标定义：一个月内同一客户、同一电话号码对同一事件重复致电两次及以上的事件数。

以下情况除外：经公司认定为恶意和不合理诉求的重复事件；工单已办结但客户再次来电对原来的处理结果又提出新的诉求；工单在途未超时，客户再次来电反映同一事件；客户户号咨询、电量电费咨询、业务办理手续咨询等咨询类诉求，同一客户查询不同地址、不同月份的客户及用电信息以及因客户自身原因遗忘而重复咨询等。

六、营配调技术支持系统指标

1. 配电自动化终端在线率

指标定义：配电自动化终端在线的数量，占配电自动化终端总数的比例。

计算方法：配电自动化终端在线率=在线终端数/终端总数×100%。

2. 配电自动化遥控使用率

指标定义：配电自动化终端中可以遥控并且使用了遥控的终端数，占可以遥控的终端总数的比例。

计算方法：配电自动化终端遥控使用率＝使用了遥控的终端数/遥控的终端总数×

100%。

3. 遥控成功率

指标定义：配电自动化终端遥控成功的数量，占配电自动化可以遥控终端总数的比例。

计算方法：配电自动化终端遥控成功率=遥控成功的终端数/可以遥控的终端总数×100%。

4. 遥信正确率

指标定义：配电自动化终端遥信信号正确的数量，占配电自动化终端遥信信号总数的比例。

计算方法：配电自动化终端遥信正确率=遥信正确的数量/终端遥信信号总数×100%。

5. 支持系统故障时长

指标定义：95598系统故障（工单无法正常打开、无声音报警，工单无法正常流转等）及网络故障等支持系统故障持续时间之和。

计算方法：支持系统故障时长=95598系统故障时长+网络故障时长+其他支持系统故障时长。

七、配网调控业务指标

1. 年度重复停电率

指标定义：当年重复停电的项目数量，占年计划停电的项目数的比例。

计算方法：年度重复停电率=当年重复停电的项目数/当年计划停电的项目数×100%。

2. 月度停电计划执行率

指标定义：当月实际完成的计划项目数量，占当月计划项目总数的比例。

计算方法：月度停电计划执行率=当月实际完成的计划项目数/当月计划项目数×100%。

3. 月度临时停电计划率

指标定义：当月临时计划项目数量，占当月计划项目总数的比例。

计算方法：月度临时停电计划率=当月临时计划项目数/当月计划项目数（含周计划）×100%。（不含周计划调整项目）

4. 日停电计划检修申请按时完成率

指标定义：当月在批准时间内完成的检修单数量，占当月实际执行的检修单总数的比例。

计算方法：日停电计划检修申请按时完成率=当月在批准时间内完成的检修单数/当月实际执行的检修单总数×100%。

第二节 供电服务关键指标分析

> **→【小节描述】**
> 本节主要介绍了供电服务的关键指标，通过关键指标分析。对指标异常情况进行预警和分析，实现各类指标全过程管控。

一、关键指标

1. 百万客户投诉率

指标定义：客户投诉的数量占供电客户百万数的比例。

计算方法：客户投诉率=客户投诉数/客户数量（百万）×100%。

2. 客户满意度

指标定义：客户对服务满意的数量，占总共服务的数量的比例。

计算方法：客户满意度=客户对服务评价为满意的数量/服务工单数量×100%。

3. "互联网+"线上业务受理率

指标定义：通过"互联网+"线上办理业务的数量，占总共办理供电服务业务的比例。

计算方法："互联网+"线上业务受理率=通过线上办理业务的数量/总共办理业务的数量×100%。

4. 业扩服务时限达标率

指标定义：业扩服务时间在时限内的工单数量，占总共开展业扩服务的工单数量的比例。

计算方法：业扩服务时限达标率=时限内完成业扩工单数/总共开展业扩服务工单数×100%。

业扩服务时限达标率=业务办理时限达标的已归档业扩新装、增容流程数/已归档的业扩新装、增容流程数总和×100%。

5. 95598 工单处理及时率

指标定义：95598 工单及时处理的数量，占 95598 工单总量的比例。

计算方法：95598 工单处理及时率=及时处理的 95598 工单数/95598 工单总数×100%。

2018年11月16日国家电网设备〔2018〕1044号文规定：95598工单处理及时率=0.5×按时接派工单/工单总数×100%＋0.5×按时回复95598工单数/95598工单总量×100%。

6. 平均抢修时长

指标定义：抢修工单的平均处理时长。

计算方法：平均抢修时长=抢修工单总时长/抢修工单数量×100%。

7. 巡视计划执行率

指标定义：巡视计划执行的数量，占总共需要进行巡视的数量的比例。

计算方法：巡视计划执行率=巡视计划执行的数量/总共需要进行巡视的数量×100%。

8. 配电缺陷消除及时率

指标定义：及时消除的配电缺陷数量，占总的配电缺陷数量的比例。

计算方法：配电缺陷消除及时率=及时消除的配电缺陷数/总配电缺陷数×100%。

二、关键指标分析

供电服务指挥中心对关键指标建立一指标一档案，长期跟踪指标的走势，验证业务开展成效，辅助发现弱项指标，并对指标异常情况进行预警和分析，实现各类指标全过程管控。

第三节 异常指标申诉要求

> 【小节描述】
> 本节主要介绍了发现异常指标时如何发起申诉，通过申诉修正指标数据，更为客观的评价供电服务指挥业务完成情况。

一、申诉

95598业务申诉包括基层单位发起的数据修正诉求业务和国网营销部、国网客服中心发起的抽检修正工作。其中基层单位发起的申诉是指因上级单位工单流转错误、业务分类错误、城乡标志错误、业务属实性认定错误、系统原因、不可抗力、非供电企业责任、客户恶意诉求或工单信息填写不全影响工单处理等原因，造成基层单位95598业务处理不及时或差错，影响基层单位相关数据指标，由基层单位对上一级单位提出数据修正的诉求业务。国网营销部、国网客服中心发起的抽检修正是指在开展 95598 工单抽检、质检工作中，对业务分类错误的工单进行业务分类修正的工作。抽检修正属于申诉业务中业务分类错误的子类。

本条中的申诉是指由于人为原因、不可抗力或第三方责任等因素造成基层单位 95598 业务数据或指标偏差，由国网营销部、国网客服中心、省客服中心、属地供电企业发起的纠偏流程。其中抽检修正只能由国网营销部、国网客服中心发起。

二、申诉原则

95598 业务申诉本着"逐级申诉，逐级负责"的原则，即以地市公司为单位向省公司提出申诉，经省公司审核合格后向国网客服中心和国网公司营销部申请认定、审核。初次申诉由国网客服中心负责认定，国网公司营销部负责最终审核归档。最终申诉由国网公司营销部审核，省公司内部申诉由各省公司自行处理。

本条明确了申诉流程以及申诉责任单位，保证申诉工作的规范性和严肃性。"逐级申诉、逐级负责"是指初次申诉由属地供电企业向省客服中心发起，省客服中心进行初次审核或直接发起初次申诉，国网客服中心对省客服中心提交的申诉进行认定。国网营销部对各省公司发起的最终申诉进行最终认定。

对已办结的业务可以提出申诉，通过系统流转完成申诉工作，申诉结果以每月 25 日前的认定结果为准。以每月 25 日前的认定结果为准，是为了保证与国网营销部数据统计周期一致，申诉统计每月 26 日 0 点截至。在途 95598 工单无法发起申诉流程。国网客服中心不接受线下流转的申诉申请。经核实，因各省公司内部因素造成工单超时、业务处理不规范等情况，各单位依旧向国网营销部和国网客服中心进行申诉的，以及申诉佐证材料弄虚作假的，国网营销部将对相关单位进行通报、考核。

1. 申诉条件

省公司和地市供电企业对工单接派单、工单处理、停送电信息报送、知识库信息报送、工单业务类型、城乡标志、客户评价等工单处理情况有异议时，可向国网公司提出申诉。国网营销部、国网客服中心可以对抽检、质检发现业务分类错误的工单进行抽检修正。因人为原因、不可抗力或第三方责任等因素造成基层单位 95598 业务数据或指标偏差时，基层单位可以采取向上级单位申诉的方式申请纠偏，最终真实、客观地还原公司供电服务现状。

2. 申诉级别

95598业务申诉分为初次申诉和最终申诉。

初次申诉和最终申诉是为一张工单一个业务类型的申诉提供了 2 次申诉机会，体现了公司对申诉工作的重视程度，以及开展申诉业务的严谨性。最终申诉是指省客服中心、属地供电企业初次申诉不通过，对判定结果不认可，提供再次申诉的流程。

3. 申诉次数

一张工单对一个业务类型的申诉只允许提交 1 次，不同业务类型的申诉应单独发起申请。

本条中的"提交 1 次"是指向国网客服中心提交 1 次。同一张工单可以发起不同业务申诉类型。

三、申诉流程

地市供电企业相关部门根据专业管理职责分别提出申诉申请，经省客服中心审核后提交国网客服中心。国网客服中心对审核通过的初次申诉提国网营销部审核并规定，对审核不通过的退回省客服中心。省客服中心对初次申诉结果有异议的，可由省公司营销部向国网营销部提出最终申诉。申诉工单应包括工单编号、业务类型、申诉原因及目的、申诉依据和申诉人等信息。

1. 初次申诉流程

（1）申诉工单根据申诉类型的不同由地市供电公司相关部门分别提出申诉。

（2）省公司客服中心在接到地市公司申诉申请后，审核通过的提交到国网客服中心处理。审核不通过的注明原因后将工单退回地市公司重新处理。本条中的重新处理是指属地供电企业可根据省客服中心审核结果，补充完善申诉理由、申诉材料等相关依据后，再次提交或放弃申诉、归档办结。

（3）国网客服中心在接到省公司申诉申请后，相关部门及人员根据各自职责进行认定、审核，审核通过的提交国网营销部。审核不通过的注明原因后将工单退回省公司。

（4）国网客服中心对质检发现的业务分类错误发起抽检修正流程，并进行内部认定、审核，审核通过的提交国网营销部。审核不通过的注明原因后退回抽检修正发起人。

（5）国网营销部在接到国网客服中心的认定结果后，进行审核并归档。

2. 最终申诉流程

（1）最终申诉由省客服中心提出申请，经省公司营销部审核通过后向国网营销部提交。本条明确了最终申诉发起流程。为保证申诉工作严肃性，最终申诉的申诉原因、理由以及相关证明材料须与初次申诉保持一致，不得更改。

（2）国网营销部在接到最终申诉申请后，进行最终审核并归档。

（3）国网营销部发起业务分类错误抽检修正后，直接审核并归档。

四、申诉要求

1. 投诉申诉要求

（1）95598客户投诉承办部门对业务分类、退单、超时、回访满意度、属实性存在异议时，由各地市供电企业发起，以省公司为单位向国网客服中心提出初次申诉。

（2）省公司与国网客服中心初次申诉结果不一致时，由省公司营销部向国网营销部提出最终申诉，国网营销部做出最终认定。

故障报修工单申诉要求：

1）各单位可对工单超时、回退、回访不满意等影响指标数据的故障报修工单提出申诉。

2）当发生自然灾害等突发事件造成短时间内工单量突增，超出接派单人员或抢修人员的承载能力，各单位可对此类超时工单提出申诉，申诉时需提供证明材料。

3）各地市供电企业对有异议的故障报修工单，可提出申诉，以省公司为单位向国网客服中心提出初次申诉。国网客服中心在2个工作日内答复申诉结果，在双方无法达成一致意见的情况下，可由各省公司营销部向国网营销部提出最终申诉，国网营销部在3个工作日内答复审核结果。

2. 申诉时限要求

（1）初次申诉，自地市公司发起申诉申请至省客服中心完成审核提交不超过2个工作日。

（2）国网客服中心接到省公司申诉申请后2个工作日内进行认定。

（3）国网营销部在接到国网客服中心认定结果后3个工作日内完成最终审核并归档。

（4）最终申诉在初次申诉结果认定后，省客服中心、省公司营销部应在2个工作日发起最终申诉。国网营销部在接到省公司营销部最终申诉申请后3个工作日内答复最终申诉结果。

（5）申诉流程一般不超过7个工作日。已办结工单超过1个日历月未提出申诉的，视为放弃申诉，逾期不再受理。1个日历月是指30日。已办结归档的工单，可在自归档之日起 30 日内发起申诉流程，逾期不再受理。为保证系统报表数据稳定性、准确性，30 日内未提出申诉的，视为放弃申诉。

3. 其他要求

（1）各单位应及时发起申诉，申诉工单答复内容包括申诉认定结果、申诉认定依据及相关说明。

（2）同一张工单对同一类型的申诉只允许提交 1 次，不同类型的申诉应单独发起申诉工单。1 次是指向国网客服中心提交 1 次同一张工单可以发起不同业务申诉类型。

（3）申诉结果由国网客服中心统一汇总，以每月 27 日报国网营销部结果为准。每月 25 日以后提交申诉的，申诉结果转入次月汇总发布。国网客服中心将根据国网营销部认可的申诉结果，定期发布各省公司的申诉处理结果和通过率等情况。

五、申诉结果应用

（1）申诉结果不能直接修改 95598 业务支持系统内的原始数据，仅可作为对原始数据的备注修正。

（2）申诉工单办结后，由系统自动对原始数据进行备注修正，不得人工干预。

（3）申诉结果与报表数据同步发布，最终发布数据以备注修正后的数据为准。

（4）各单位要针对 95598 业务申诉中暴露出来的问题，分析、整改专业管理和业务流程设置方面存在的不足，切实降低申诉量。

本条中的申诉结果应用是指国网客服中心通过 95598 业务支持系统申诉相关报表（含申诉、抽检修正）进行统计分析，国网营销部根据报表统计数据进行综合应用、统计及发布。保留原始数据主要是为了多维度进行数据对比、分析，进一步提升公司整体服务质量和服务水平。

六、其他

投诉是一柄双刃剑，为广大用电客户带来更好用户体验的同时，也容易滋生部分恶意投诉和无理诉求。为更好地服务于广大用电客户的根本利益，同时促使电网工作人员将服务工作重点聚焦于客户诉求和问题处理，并兼顾客户恶意诉求给基层员工带来的困扰，2018 年 7 月 26 日起，仅保留"工单处理满意度错误、业务类型错误、接派单超时限、处理超时限" 4 个申诉类别中的部分原因申诉。具体如下：

（1）"工单处理满意度错误"申诉类别中保留"客服专员责任"原因申诉。

（2）"业务类型错误"申诉业务类别中保留"恶意投诉"原因申诉，具体情况为：一是有明确证据证明客户诉求存在为满足私利而诬陷工作人员的情况；二是客户提出的诉求超出国家规定或公司规定供电企业所能承担的责任范围。为保证申诉公平、公正、真实，"业务类型错误"申诉材料由省公司归口部门审核签字盖章报送。

（3）"抽检修正"原因申诉是国网客服中心保证受理标准一致性和公平性的重要手段，同时为确保抽检修正的准确性，抽检修正业务由国网营销部进行最终认定后归档生效。

（4）"接派单超时限"、"处理超时限"申诉类别受理规则不变，其中"不可抗力"仅限于重要服务事项报备管理规定中明确的地震、泥石流、洪水、台风、红色预警恶劣天气，以及地市级以上政府批准执行有序用电限电。

第四节 供电服务指挥业务考核管理

> ➡ 【小节描述】
>
> 本节主要介绍了通过供电服务指挥业务的指标评价，得出结论后纵向、横向应用该指标评价于实际业务考核中。

一、纵向评价考核

运维检修部、营销部、电力调度控制中心对本专业管理范围供电服务指挥工作质量开展评价考核工作。

二、横向评价考核

供电服务指挥中心通过对配电网故障报修管控、配电运营管控、客户服务指挥全过程管控，编制发布公司"供电服务运营数据"及"供电服务运营分析报告"，提出供电服务运营质量和信息支撑工作的评价意见及改进建议。

从强化供电服务指挥管理、持续提升供电服务指挥服务水平出发，供电服务指挥中心应组织建立供电服务指挥质量评价体系，通过抽查各项业务内容、明察暗访、召开业务专题会议等形式，按月度、季度、年度的周期，对各单位供电服务质量、业务运营管理质量和业务支撑工作质量进行监督和评价，并纳入指标考核体系。

三、员工服务行为考核

为进一步强化服务意识，规范员工服务行为，公司出台了《国家电网公司供电服务奖惩规定》[国网（营销/3）377—2014]，自 2014 年 10 月 1 日起施行。该规定适用于公司总部（分部）及公司所属各级单位供电服务管理工作，也是 95598 业务处理过程中发生供电服务过错的奖惩依据。供电服务指挥业务处理过程中凡发生供电服务过错的，参照《国家电网公司供电服务奖惩规定》执行。

第五节 典型案例

一、95598 工单指标投诉案例

【案例提要】某地某客户于 8 月 5 日拨打 95598 反映报修后一直没有抢修人员到达现场，存在超出承诺时限的情况。

【案例分类】停送电类 – 抢修服务

【事件过程】8 月 4 日 23 时 02 分，投诉人致电 95598 报修一户无电，配抢指挥平台于 8 月 4 日 23:07 收到该工单，因值班员陈某未听到系统提示音，导致未及时发现并派发工单，于 8 月 5 日 04:21 才向抢修人员派发该工单，配网抢修人员于 04:40 分到达现场，8 月 5 日 06:52 抢修人员回复客户空开跳闸已恢复供电。

【影响指标】95598 工单派单及时率

【违规条款】

（1）《国家电网公司 95598 故障报修处理规范》第五条第三款"地市、县供电企业调控中心应在国网客服中心或省客服中心下派工单后 3 分钟内完成接单或退单，接单后应及时对故障报修工单进行故障研判和抢修派单。"

（2）《国家电网公司 95598 故障报修处理规范》第五条第四款"抢修人员到达故障现场时限应符合：一般情况下，城区范围不超过 45 分钟，农村地区不超过 90 分钟，特殊边远地区不超过 120 分钟。"

（3）《国网公司供电服务规范》第四条第五款"熟知本岗位的业务知识和相关技能，岗位操作规范、熟练，具有合格的专业技术水平。"

【暴露问题】

（1）工作人员服务意识淡薄，工作责任心不强，未认真履行岗位职责，造成工单超时。

（2）班组日常运行管理不到位，对当值工作人员的上岗状态及系统运行状况管控不足，未能及时发现超时工单。

【措施建议】

（1）进一步提升员工职业素养，强化员工岗位专业技能和工作责任心，严格落实相关服务规范。

（2）加强班组日常运行管理，班组长应充分掌握人员、设备状况，发现异常情况及时处理。

（3）进一步优化配抢系统功能，强化自动提醒和催办功能。

二、信息报送指标案例

【案例提要】某地某客户于5月9日反映所在小区在未收到计划停电通知的情况下停电，并表示自己是养鱼的，停电造成鱼死掉一百多斤，要求供电公司赔偿相应损失。

【案例分类】停送电投诉－停送电信息报送及时性

【事件过程】经核实，该小区为双电源用户。5月9日7时至22时，110kV ××站10kVⅠ母所属开关及出线计划停电检修（停电信息编号：××）。4月27日，客服分中心将该条停电检修计划发送至城区营业所，营业所所长张某随即安排杨某等3名客户经理按规定做好停送电信息的书面送达工作。因杨某未按要求向其管辖的客户送达停电通知书，造成该小区业主在不知情的情况下被停电，导致投诉人所养的鱼死掉一百多斤，引发投诉。

经系统查询，5月9日当天因杨某未按规定送达停电通知书，造成客户对停电不知情共引发投诉五笔。

【影响指标】生产类停送电信息编译报送及时率

【违规条款】"客户经理杨某未按要求向客户送达书面停电通知书"违反了：

（1）《电力供应与使用条例》第二十八条第一款："在发电、供电系统正常运行的情况下，供电企业应当连续向用户供电；因故需要中止停电时，供电企业应按下列要求事先通知用户或进行公告：因供电设施计划检修需要停电时，应提前七天通知用户或进行公告。"

（2）《供电营业规则》第六十八条第一款："因故需要中止供电时，供电企业应按下列要求事先通知用户或进行公告：因供电设施计划检修需要停电时，应提前七天通知用户或进行公告。"

（3）《供电服务监管办法》第十二条第一款："电力监管机构对供电企业实施停电、限电规定的情况进行监管。在电力系统正常的情况下，供电企业应当连续向用户供电。需要停电或者限电的，应当符合下列规定：因供电设施计划检修需要停电的，供电企业应当提前7日公告停电区域、停电线路、停电时间，并通知重要用户。"

【暴露问题】

（1）工作人员服务意识和责任意识淡薄，未真正站在客户立场考虑问题，工作态度不认真，岗位职责履行不到位。

（2）日常培训工作实效性差，工作人员在业务流程执行上存在偏差走样的情况，未按要求送达计划停电通知书导致客户投诉。

（3）停送电信息的发布流程不完善，缺少审核监督环节，致使计划停电信息未通知客户的现象未被及时发现。

（4）停送电信息发布工作未形成闭环管理机制，未安排工作人员对停电通知书发送情况进行跟踪核实，导致未发送停电通知书的现象无法得到及时纠正。

【造成影响】

由于客户经理未将计划检修停电信息及时通知到辖区客户，对客户的生活生产安排带来影响，并造成经济损失，引发客户投诉维权，在一定程度上损害了供电企业的声誉。

【应急处理】

一是城区所所长张某带队前往投诉人家中，大客户服务经理杨某对此事件给客户带来的不便表示歉意，并一起统计了死鱼数量，主动进行了赔偿。二是客户服务分中心迅速组织人员赶赴现场，由城区营业所立即将此次停电情况、时间以书面形式送达给物业公司，请物业公司及时通知小区业主，做好解释沟通工作。

【措施建议】

（1）提升员工服务意识和责任意识，强化服务理念，端正工作态度，切实履行岗位职责。

（2）进一步加强对停送电信息报送工作相关规定的培训学习，并注重培训实效，提升员工业务知识和岗位技能。

（3）进一步规范停送电信息发布工作流程，加大内部审核及发布工作管理力度，并形成内部闭环机制，在停电通知书发出后安排工作人员跟踪核实，抽查确认停电线路客户是否收到停电信息，确保停电通知准确送达。

（4）强化停送电信息发布工作质量监督与考核，坚持投诉"四不放过"处理原则，做到"发现一起、处理一起"，坚决杜绝类似事件的再次发生。

【入选典型案例理由】

现代社会，电力已经是经济发展和日常生活不可或缺的重要能源，停电问题是关乎民生的大事。在压降任务如此严峻的时期，仍发生工作人员履职不严，未按规定送达停电通知书，造成客户对停电不知情引发 5 笔属实投诉的严重事件，对公司当前投诉压降工作带来不利影响。反映出部分员工责任和服务意识不强、政策法规学习领会不到位、投诉压降形势认识不深刻等现象，同时，也暴露出地市公司在停送电工作流程与管理方面存在短板和漏洞，该案例具有较强的典型性。

思考与练习

1. 如何通过知识库报备，避免指标考核，提升供电服务质量？
2. 供电服务的关键指标有哪些？如何通过指标走势辅助提升弱项指标？
3. 初次申诉与最终申诉流程的区别在什么地方？

第七章
供电服务指挥技术支撑系统

工欲善其事，必先利其器。

——《论语》

第一节　智能化供电服务指挥系统简介

> **【小节描述】**
> 本小节介绍了智能化供电服务指挥系统的主要作用和建设原则。通过建设要求，掌握供电服务指挥系统的系统架构，建设手段。

长期以来，跨部门协同督办困难、业扩流程线下流转效率低下、现场服务质量监督难是制约客户诉求响应速度提升和供电服务管控能力提高的瓶颈问题。而营配调贯通是解决这些瓶颈问题的关键。就目前而言，营配调贯通存在两个主要的问题，一是营配调三个专业的系统均独立设计、独立开发、独立运行，系统之间缺少系统接口和系统交互机制，不能满足营配调信息集成的需要；二是由于专业分工的不同，各专业相对独立运行，信息协同异动等机制不完善，现场作业管控、非抢修工单处置、业扩全流程监视督办、客户应急指挥等工作由于专业协同困难或业务划分不明确等问题而无法开展。

智能化供电服务指挥系统通过集成营销、运检、调度等各类业务系统，建立营配调数据共享平台，从根本上解决了营配调信息集成的问题，从而破解供电服务瓶颈。

智能化供电服务指挥系统是供电服务指挥机构日常运作的核心支撑系统，系统建设均基于《国家电网公司关于印发供电服务指挥系统基本功能规范的通知》（国家电网营销〔2017〕550号）要求，因地适宜，结合各单位实际工作需要，开发符合各单位情况的供电服务信息支持系统。对27个省，49家地市供电服务指挥平台的试点建设系统评估后，目前，具有代表性的主要有鲁能软件、泰豪软件、南瑞科技、江苏电力信息四家厂家提供的智能化供电服务指挥系统，实现"统一数据管理、统一接口服务、统一权限管理、统一流程管理"。

鲁能软件、泰豪软件、南瑞科技和江苏电力信息公司开发的智能化供电服务指挥系统首页如图7-1~图7-4所示。

根据国网公司的统一规范，智能化供电服务指挥系统主要遵循以下原则建设：

1. 集中管理原则

整合供电服务指挥相关业务应用，支撑供电服务指挥平台开展日常运作，避免相关业务分散在原有专业系统中引起的数据不共享、业务不融合、专业对接散乱等问题。系统相关功能及流程设计，要因地制宜，既确保具有直接客户界面的功能分层分区域属地化运作模式，又要支撑服务质量监督与管控集中开展的市县一体化运作模式。

图 7-1 智能化供电服务指挥系统-鲁能软件

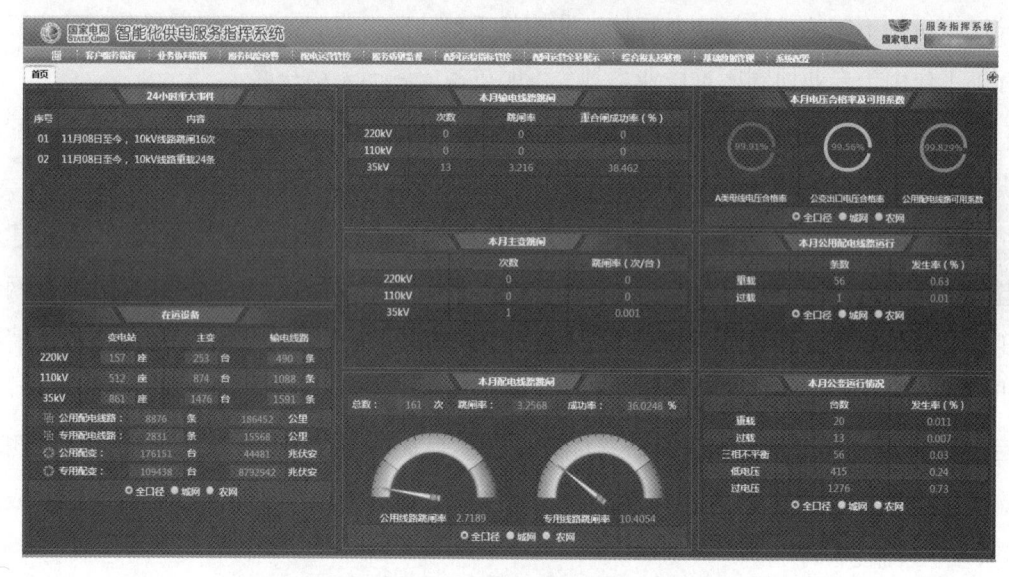

图 7-2 智能化供电服务指挥系统-泰豪软件

2. 数据共享原则

以"线、变、表计"为核心，横向实现营销业务应用、用电信息采集、设备（资产）精益化管理、电网调度控制、95598 业务支持等系统相关数据全面集成，纵向实现输、变、配及低压电网设备与营销客户上下贯通，实现基于公司电网 GIS 平台"一张网"数据共享，支撑故障研判、抢修指挥、配网监测运营、停电范围分析、停电通知到户等指挥业务的开展。

图7-3　智能化供电服务指挥系统-南瑞科技

图7-4　智能化供电服务指挥系统-江苏电力信息

3. 专业协同原则

供电服务指挥中心自身的业务定位涉及营销、运检、调控等专业的基础管理和核心业务流程。系统建设要确保相关专业基础数据管理和核心业务流程在本专业业务系统中闭环运作。供电服务指挥业务通过数据共享和流程集成方式，一是实现对专业业务流程并行跟踪、监督及评价；二是通过在供电服务指挥系统设置环节与专业系统流程对接等方式，实现对业务协同的流程化处置；三是实现对跨专业各类数据进行同类汇聚、开展大数据分析、状态评价。

4. 安全优先原则

遵循国家、公司相关信息网络安全要求，并结合营配调业务系统的特点加强信息安全防护。同时加强对外集成接口的安全防护能力，保证系统安全。

第二节　供电服务指挥系统支持手段

> **【小节描述】**
> 本小节介绍了智能化供电服务指挥系统目前使用的技术支持手段。通过支持手段的介绍，了解智能化供电服务指挥系统的应用基础。

智能化供电服务指挥系统的数据来源主要是：95598核心业务系统，营销业务应用系统，掌上电力App，95598网站等电子渠道，用电信息采集系统，调度自动化系统，配电自动化系统，用电信息采集系统，设备（资产）运维精益管理系统，GIS系统等。

一、95598业务支持系统

95598业务支持系统通过统一的"95598"供电特服号和互联网站向电力客户提供除柜台服务方式外的一个多层次、全方位服务的综合业务服务。它是支撑客户服务中心95598业务运营的核心业务系统，涵盖95598普遍服务（业务咨询、信息查询、故障报修、投诉、举报、意见、建议、表扬等）、重要客户服务、节能服务、运营管理（包括停电信息管理、满意度管理、呼叫策略管理等）等内容，如图7-5所示。

图7-5　95598业务支持系统

二、GIS 地理信息系统

GIS 地理信息系统是将计算机硬件、软件、地理数据以及系统管理人员组织而成，对任一形式的地理信息进行高效获取、存储、更新、操作、分析及显示的集成。利用该系统，结合用户信息、工单信息和抢修资源，对空间信息进行分析和处理，实现移动作业实时监控、故障客户实时定位，同时可直观监控工单处理状态，抢修人员及车辆的动态位置，对工单、人员、车辆进行定位和信息共享，如图 7-6 所示。

图 7-6　GIS 地理信息系统

三、配电自动化系统

配电自动化系统（DAS）是一种可以使配电企业在远方以实时方式监视、协调和操作配电设备的自动化系统，如图 7-7 所示。它将配电网实时信息、离线信息、用户信息、电网结构参数、地理信息进行集成，构成完整的自动化管理系统，包含馈线自动化和配电管理，可实现配电系统正常运行及事故情况下的远方监视、协调和操作配电设备。主动发现中压故障信息、实现故障自动隔离、非故障区域自动恢复送电，提高电力系统的可靠性、保障供电的连续性。

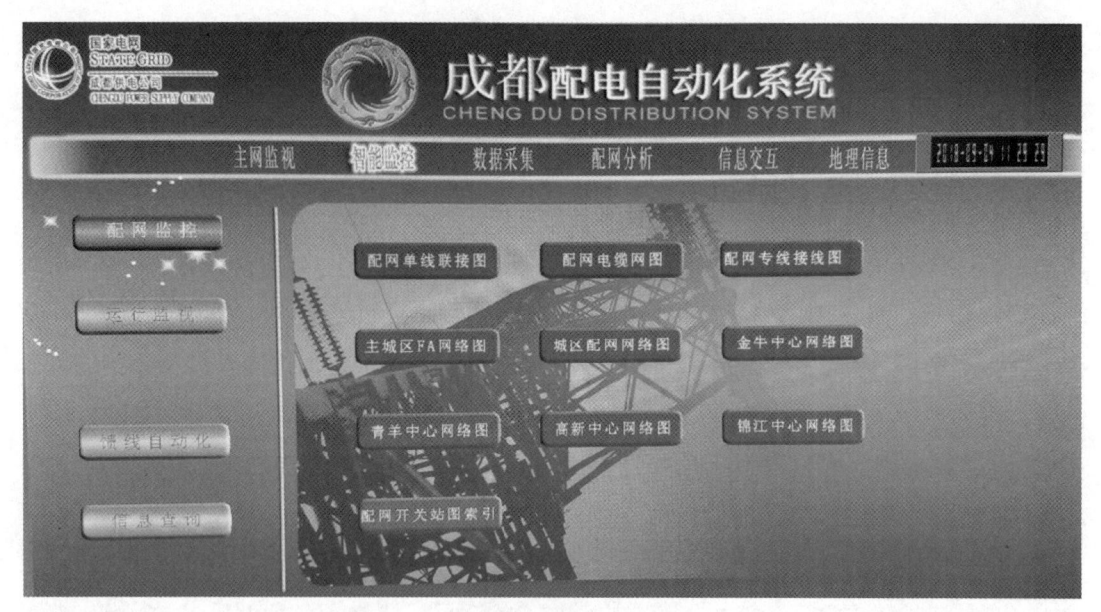

图7-7 配电自动化系统

四、SG186营销管理系统

SG186系统是国家电网公司一体化企业级信息集成平台，以一个平台集成企业信息，以八大应用覆盖公司业务，以六个体系为公司提供多方保障，如图7-8所示。国家电网公司SG186系统营销业务模块的实现，使电网企业营销管理方面的管理水平、业务模式、业务流程达到统一，形成了公司完整的营销管理、业务标准化体系，实现了"营销信息高度共享，营销业务高度规范，营销服务高效便捷，营销监控实时在线，营销决策分析全面"。它作为中转系统，将从95598业务支持系统获取报修工单信息，传送至供电服务指挥系统，并将供电服务指挥中心发布的停送电信息推送至95598业务支持系统和掌上App。同时，为供电服务指挥提供营销类信息，包括电费账单、欠费提醒、缴费成功等。

SG186系统实现了自上而下的营销管理与客户服务的自动化、信息化，通过对购售电环节的统一管理，提高公司统筹协调、战略决策、经营管理的能力，能够有效地控制和降低购电成本，增强盈利能力，提高市场占有率，适应公司可持续发展的需求。

SG186系统营销模块将营销业务划分为"客户服务与客户关系""电费管理""电能计量及信息采集"和"市场与需求侧"4个业务领域及"综合管理"，共19个业务类，分别为新装增容及变更用电、抄表管理、核算管理、电费收缴及账务管理、线损管理、资产管理、计量点管理、计量体系管理、电能信息采集、供用电合同管理、用电检查管理、

95598 业务处理、客户关系管理、客户联络、市场管理、能效管理、有序用电管理、稽查及工作质量、客户档案资料管理。

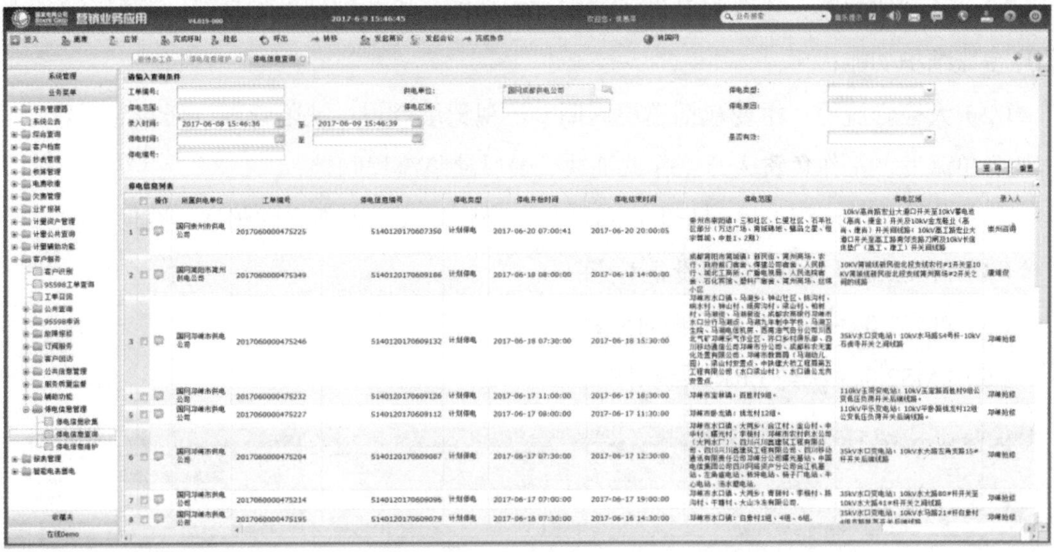

图 7-8　SG186 营销管理系统

五、PMS2.0 系统

PMS2.0 系统以资产全寿命周期管理为主线，以状态检修为核心，优化关键业务流程；依托电网 GIS 平台，实现图数一体化建模，构建企业级电网资源中心；与 ERP 系统深度融合，建立"帐—卡—物"联动机制，支撑资产管理；与调度管理、营销业务应用以及 95598 等系统集成，贯通基层核心业务，实现跨专业协同与多业务融合。可实现 95598 故障类工单全过程管控、移动 App 工单派发，如图 7-9 所示。PMS2.0 系统联合用电采集系统为供电服务指挥系统提供报修工单和主动工单故障研判的基础台账。

PMS2.0 系统主要分为两大部分：PMS2.0 系统数据和图形维护以及 PMS2.0 系统业务指标监控。系统数据维护的目的是通过维护 PMS2.0 基础数据从而达到配网设备的精益化管理，实现对电力生产执行层、管理层、决策层业务能力的全覆盖，支撑运维一体化和检修专业化，实现管理的高效、集约。

PMS2.0 系统覆盖输电、变电、配电三大专业，覆盖设备、计划、运行、修试、缺陷、两票、退役等全过程。总体功能架构可分为标准中心、电网资源中心、计划中心、运维检修中心、监督评价中心和决策支持中心等六大中心，通过六大中心的分工和协作，实现运检全过程覆盖，结合横向的数据共享和业务协同，实现资产全寿命管理，促进公司运维管理精益化水平提升。

PMS2.0 主要应用有以下几方面：

（1）基础项配置：输变配电设备巡视维护功能，检测周期维护功能，输配电防污监测点台账维护功能；

（2）大检修流程：主要包括巡视周期、巡视记录登记、缺陷管理、任务池新建、工作任务单派发、工作负责人开工作票消缺、最后缺陷流程归档；

（3）设备异动流程：输变配电设备新增、台账修改、电系名牌创建、图形维护；

（4）PMS2.0 设备与 OMS 设备对应；

（5）PMS2.0 系统与营销系统对应；

（6）PMS2.0 系统与 ERP 系统对应。

图 7-9　PMS2.0 系统接派单界面

六、用户用电信息采集系统

用户用电信息采集系统整合原有关口计量系统、负荷管理系统、低压集中抄表系统、配变监测系统等业务的应用，结合 SG186 营销业务应用，构成统一的营销管理流程，对电能信息数据进行深入挖掘，在信息平台的基础上构建智能化分析平台，实现用电监控、推行阶梯定价、负荷管理、线损分析，最终达到自动抄表、错峰用电、用电检查（防窃电）、负荷预测和节约用电成本等目的。用户用电信息采集系统界面如图 7-10 所示。

该系统主要有以下 4 项功能。

（1）数据采集。根据不同业务对采集数据的要求，编制自动采集任务，并管理各种采集任务的执行，检查任务执行情况。采集的主要数据项有电能量数据、交采数据、工况数据、电能质量统计数据、事件记录数据等。采集方式有定时自动采集、随机召测、主动上报等方式。

（2）数据分析。对采集数据完整性、正确性进行检查和分析，对于异常数据不予自动修复，并限制其发布，保证原始数据的唯一性和真实性。按照区域、线路、时间等对采集的原始数据进行计算、统计和分析。

（3）远程控制。功率定值控制、电量定值控制、费率定值控制。

（4）综合应用。① 自动抄表管理。② 费控管理。③ 有序用电管理：限电和保电。④ 用电情况统计分析：负荷分析、电量分析、三相不平衡分析。⑤ 异常用电分析：计量及用电异常监测、重点用户监测。⑥ 电能质量数据统计：电压、功率因数、谐波数据统计。⑦ 线损、变损分析：为线路损耗和变压器损耗分析提供数据。⑧ 增值服务：多种渠道查询和发布信息、与售电系统联网实施网上售电、为实现双向互动提供技术手段。

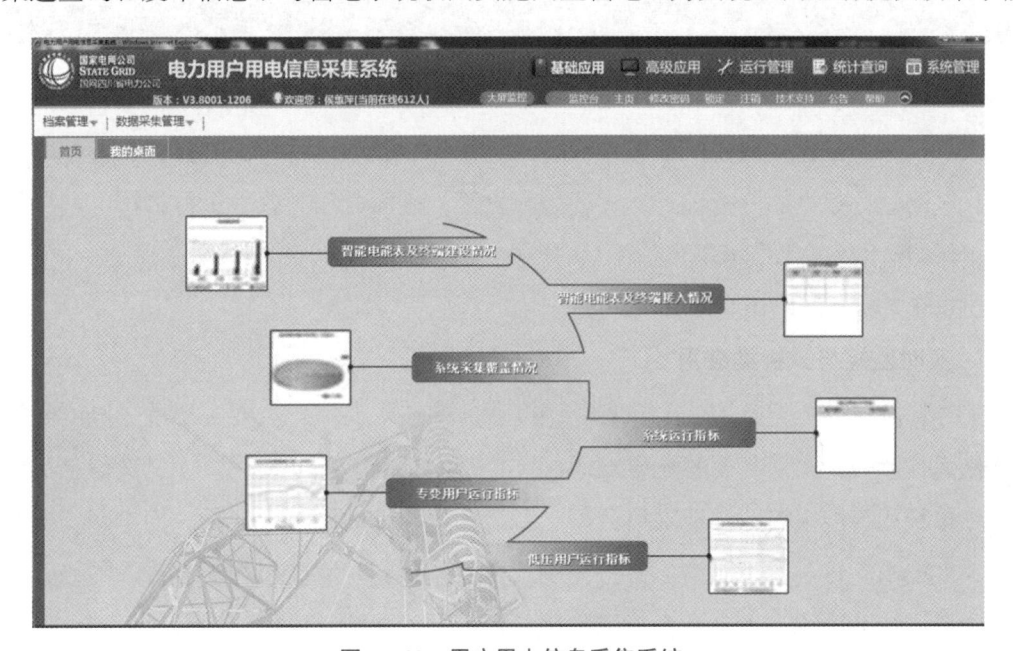

图 7-10 用户用电信息采集系统

七、D5000 智能电网调度控制系统

D5000 系统是新一代的智能电网调度技术支持系统基础平台，适应了国家电网"大

运行"体系中五级调度控制体系的要求,实现了"远程调阅、告警直传、横向贯通、纵向管理"的功能。D5000 系统把调度计划、电站情况等各项数据都融合在一起,可以进行全面分析。供电服务指挥业务利用该系统对电网实时监控,如图 7-11 所示。它为供电服务指挥系统提供站内开关电网运行数据和跳闸信息。

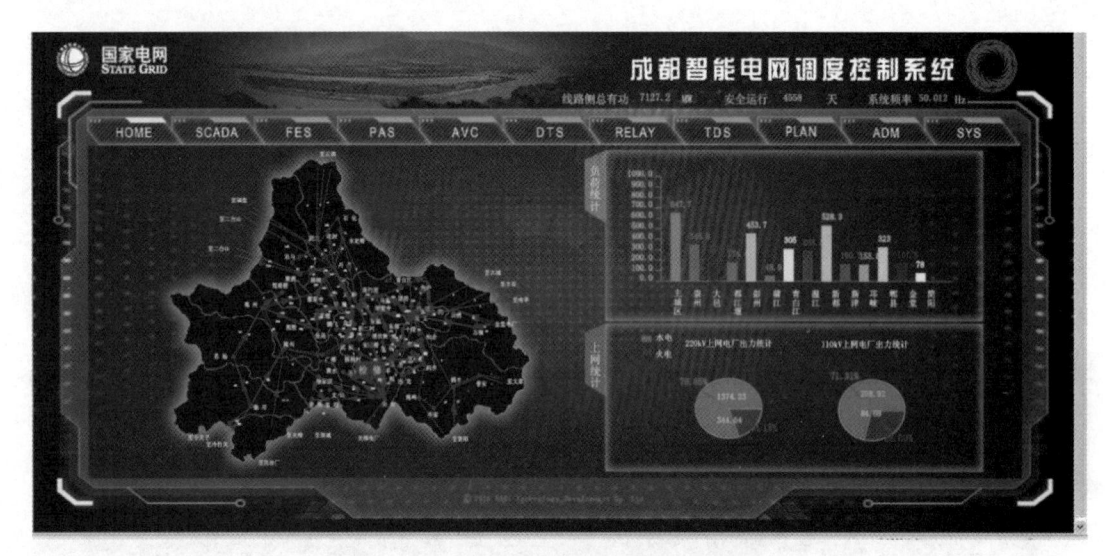

图 7-11　D5000 智能电网调度控制系统

D5000 系统通过实时了解变电站设备运行状态、设备运行情况的监视、设备的操作控制、电网运行数据的分析统计,实现故障告警,进而合理高效地进行指挥电网故障的处理,保持电网安全稳定运行。

D5000 系统功能应用主要分为三类。

1. 实时监控与分析类应用

实时监控与分析类应用是电网实时调度业务的技术支撑,主要实现地区电网和集控一体化运行监视,实现必要的配电网运行监控基本功能,综合利用一、二次信息实现在线故障诊断和智能报警,实现网络分析、智能分析与辅助决策等应用,为电网安全经济运行提供技术支撑。实时监控与分析类应用主要包括实时监控与智能告警、网络分析、智能分析与辅助决策、水电及新能源监测分析、调度员培训模拟、运行分析与评价和辅助监测七个应用。

2. 调度计划类应用

调度计划类应用综合考虑电力系统运行的经济性和安全性,为本级电网安排未来的运行方式提供技术支持,为上级调度提供详细的计划数据,实现省地两级调度计划的统一协调。调度计划类应用主要包括预测、检修计划、发电计划、电能量计量等四个应用。

3. 调度管理类应用

调度管理类应用是实现电网调度规范化、流程化和一体化的技术保障。涵盖主要生产业务的规范化、流程化管理；调度专业的综合管理；电网安全、运行、计划、二次设备等信息的综合分析评估和多视角展示与发布等，并实现与 SG186 信息系统的信息交换和共享。调度管理类应用主要包括生产运行、专业管理、综合分析与评估、信息展示与发布四个应用。

八、智能电网调度技术支持系统

智能电网调度技术支持系统是调度常用系统，该系统将各类电网运行和管理数据综合统一处理，包括数据校验、加工、存储、组织、展示、分析等信息的综合分析与评估功能，实现调度生产管理的专业化、规范化和流程化，为日常调度生产管理作支撑。

智能电网调度技术支持系统是调控机构业务核心应用系统，内部沟通管理信息大区与生产控制大区，为 EMS 等实时调度自动化系统提供源端基础数据，外部为公司其他业务部门提供调控运行历史数据、指标数据等。该系统主要包括基础信息、生产运行业务应用、用户界面、调控机构内业务接口、调控机构外业务协同五个方面的应用（图 7-12）。

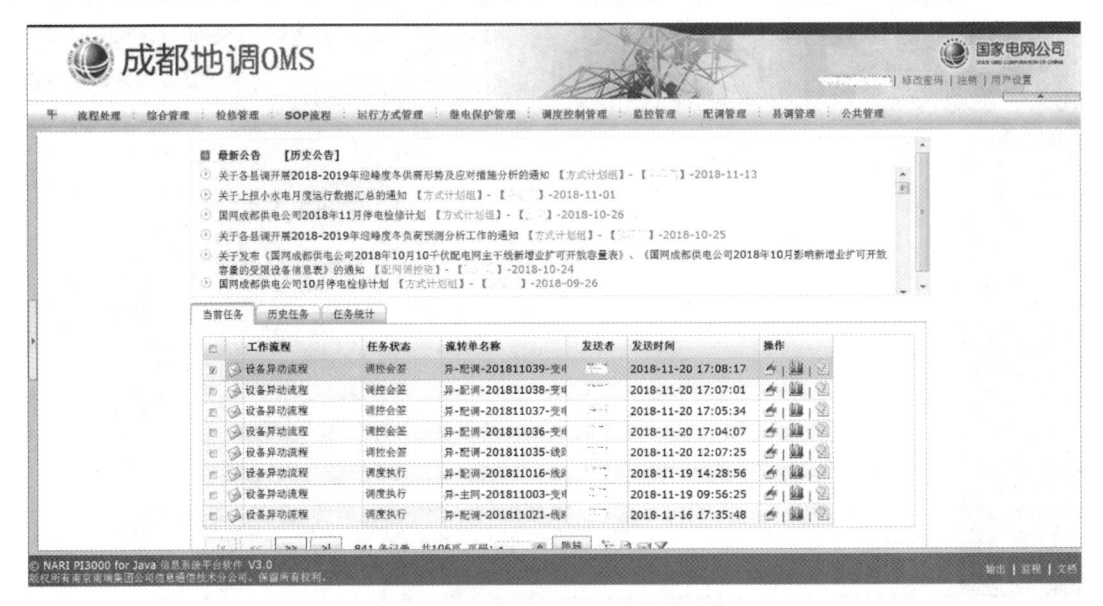

图 7-12 智能电网调度技术支持

九、配电电缆网综合展示平台

配电电缆网综合展示平台是运维检修人员常用系统（图 7-13）。该系统通过启动数字普查，摸清运维对象，运用 RTK 测量仪、全站仪等设备进行探测轨迹记录与定位，采集包括配电电缆及通道名称、长度、轨迹、位置等基础信息，同时基于普查过程中产生的海量数据，依托技术手段建立标准化数据库，实现对基础数据的科学管理，以实现电缆网的智能运维。

配电电缆网综合展示平台是基于数据库的应用，将成都公司配电电缆相关信息以图形化、数字化形式呈现，包括地图数据展示、电缆路径展示、通道路径展示、通道剖面展示、电缆井展开图及相关站所展示等，真正达到"图数一体化"的管理目的。

该系统可提供电缆网运维管理的四项辅助功能：

（1）巡检管理，实现对巡检计划、巡检任务、巡检结果的管理；

（2）状态评价，实现根据电缆及通道设备的缺陷信息开展设备运行状态评估；

（3）防外破管理，实现对外力隐患点信息、安全交底、保护协议签署、外力隐患消除等情况进行系统录入与监测；

（4）风险管理，实现对缺陷、隐患点的录入、展示，针对不同严重程度进行红、黄、绿三色显示，便于运维人员及时处置问题点。

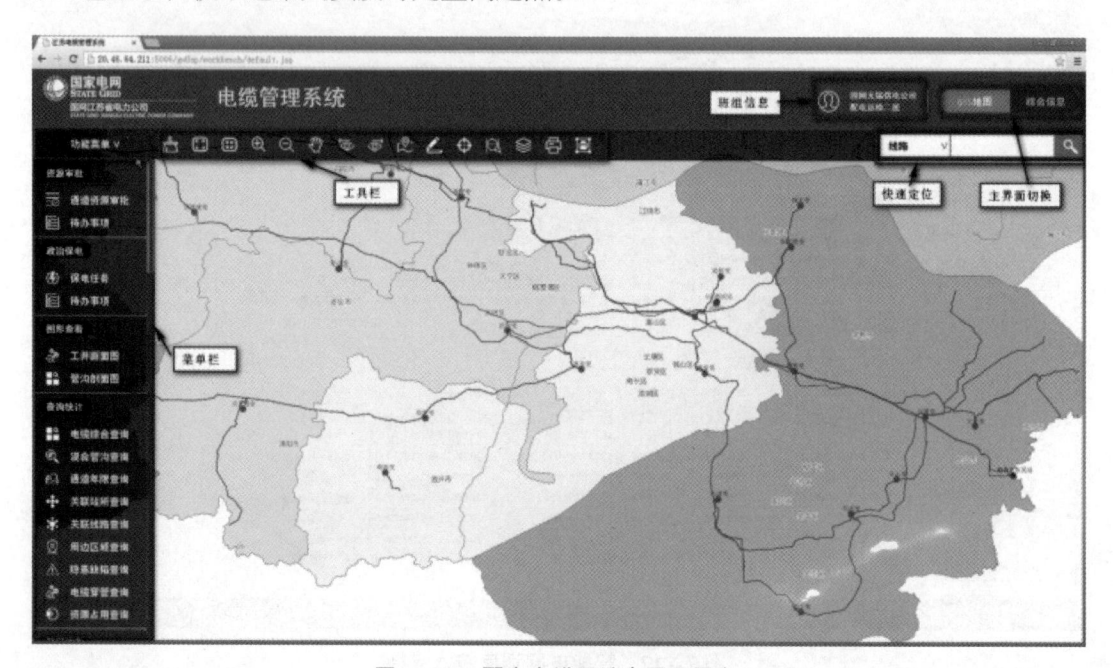

图 7-13 配电电缆网综合展示平台

十、视频监控系统

视频监控系统是对变电站现场远程监控的重要系统，由传输网络和三级视频监控平台等主要部分组成（图7-14）。

该系统主要功能有：

（1）通过图像监控、安防系统，保护无人值守变电站设备的安全。

（2）通过图像监控结合远程和本地人员操作经验的优势，避免误操作。

（3）通过图像监控对变电站内作业现场进行实时监控，及时制止现场作业人员违规行为，避免出现不安全事件。

（4）配合其他系统的工作。

主要监控对象：

（1）变电站内场区环境。

（2）主变压器外观及中性接地刀。

（3）对变电站的户外断路器、隔离开关以及接地刀闸等的合分状态进行监控。

（4）对变电站内的各主要设备间进行监视（包括大门、控制室、继保室、通讯室、高压室等）。

（5）对变电站周边安防情况进行监控。

图7-14 视频监控系统

思考与练习

1. 什么是智能化供电服务指挥系统？
2. 供电服务指挥业务是如何在智能化供电服务指挥系统中实现的？
3. 智能化供电服务指挥系统的建设原则是什么？

第八章
供电服务指挥日常管理

天下难事必作于易，天下大事必作于细。

——《道德经》

第一节 排班管理

> **【小节描述】**
> 本小节介绍了供电服务指挥中心排班管理,以及突发事件的应急响应举措。

1. 排班原则

供电服务指挥中心配网调控班、配网抢修指挥班和应急指挥班应严格按照值班安排进行24小时值班,并保持一定数量的员工为应急人员,以备突发事件的发生,尤其是在负荷高峰期、恶劣天气突发时期。可以根据各供电企业历史日、周、月、年业务量进行曲线图分析,在迎峰度夏和迎峰度冬期间,可根据业务量增加情况和值班员劳动强度,适当调整值班模式或者增加值班力量。

2. 排班调换

排班表一旦确定并通过审核,座席人员必须严格遵守排班表,未经许可不得随意调换班次,确需调班经领导同意后方可调换。

3. 突发事件

在发生突发事件时,管理人员应及时进行现场调控,对业务量蜂拥状态应及时启动应急预案。同时对特殊情况包括敏感事件、大面积停电、系统故障、通信网络故障、迎峰度夏(度冬)期间提前做好应急处置预案。国网成都供电公司相关应急响应预案示例如图8-1所示。

图8-1 国网成都供电公司各类应急响应预案(一)

图 8-1　国网成都供电公司各类应急响应预案（二）

第二节　交接班管理

> 【小节描述】
> 本小节重点对交接班制度和交接班记录的相关要求做了详细介绍。

一、交接班制度

1. 交接班应满足以下条件

（1）交接班双方值班人员均到达值班场所。

（2）接班的值班长确认本班值班人员状态良好。

（3）工作完毕或告一段落，并做好交班记录。

2. 交接班工作要求及流程

（1）接班人员按照值班模式要求提前 15 分钟到岗，查阅值班记录，了解工作情况，检查办公用计算机、软件平台、通信设施设备等正常，审核交接班记录，做好交接班准备工作。

（2）交班人员负责整理大厅办公环境卫生。

（3）交班值值班长在交班前应全面清理、复查本班工作情况，详细正确填写交接班记录，准备交接；接班值值班长确认交接条件，准备交接。

（4）交接班时，交接双方值班人员在工作台前站立进行，不得进行与交接班无关的任何活动。

（5）交接班工作由交班值班长主持，负责交代本值内工作情况、遗留工作和其他需交代说明事项，负责解答接班人员提出的疑问，交接内容应正确、完整，不得漏交、错交，交班其他人员予以补充。

（6）交接班期间如有需要处理的工作，由交班人员负责处理，接班人员协助处理，待工作处理完毕或告一段落后再继续进行交接班流程。

（7）交接班期间，交班人员承担供电服务指挥工作责任，交接班完成后，接班人员承担供电服务指挥工作责任。

（8）交接班应按照先交后接的原则，完成交接班内容交接双方确认后交接班人员分别在交接班记录中签名确认。

（9）接班人员上岗，进入工作岗位进一步梳理当值重点工作及注意事项，进入工作状态；交班人员在接班人员无疑问后方可离开值班室，完成交接班。

（10）班长应参加正常工作日交接班。

3. 交接班记录存档、考核

（1）交接班记录执行后应存档备查，存档时间1年。

（2）供电服务指挥班班长应定期对交接班记录进行检查，检查周期为一周。

（3）对交接班记录检查发现的问题，应在班组例会时进行分析点评，提出考核意见。

二、交接班记录管理

（1）交接班记录应认真、仔细，不得有遗漏。

（2）认真填写值班日期、天气、交接时间和实际到岗人员。

（3）当值人员应将当值内工作情况详细记录于交接班记录中，运行总结中应对值内出现各类型事件分时间段进行总结和梳理遗留事件。

（4）重要事项中有新增、删减应及时准确简洁进行填写。

（5）交接班记录中不得出现不相关的内容，不得有空白行和标识，为了提醒所做标识，应在当日交接班记录完全整理好后将取消标识。

（6）交接班记录不得出现前一日已处理完毕的故障或工单。每日将交接班记录保存为电子版本，便于检查和保存。

（7）配网调控班交接班记录应包括口令遥控操作情况记录、电网运行应注意事项、待办事项及处理事项、电网及配电自动化系统不正常运行及处理情况记录、继电保护装置及压板变动情况的记录、未拆除的接地刀闸或未拉开的接地刀闸记录、FA 装置变更情况记录、挂牌及置位情况记录、交接班总结记录（包括遗留、配网特殊方式、缺陷记录、今日工作、今日恢复、明日工作、注意事项）等。

（8）配网抢修指挥班交接班记录应包括计划、临时日前工作，台区及以上的故障停电的处理进度和停送电信息的录入情况，非正常传单（包括系统检修或故障期间的线下工单、单位派发错误的转派工单等），问题工单，记录因职责范围不清或出现其他异常的工单，填写运行值班总结，对工作情况、遗留事件和重要事项进行记录。

第三节 班组建设管理

> 【小节描述】
> 本小节以国网成都供电公司班组建设为例，介绍供电服务指挥班组建设情况，以供参考。

（1）绩效考核。建立实质性绩效考核体系，开展绩效考核、评先创优等活动，约束和激励员工行为，调动员工积极性。

（2）着装规范。值班期间值班大厅内应统一着工作服或者白色衬衣、深色下装。工作场所禁止穿奇装异服、短裙、短裤、背心出入。

（3）星级班组建设。根据 A2 规范的要求，从建章立制、规范档案、整洁场所、展现亮点等方面，供电服务指挥中心以班组为单位参加公司及省公司星级班组评比，以评促优。

第四节 例会制度

> 【小节描述】
> 本小节重点对日、周、月例会的相关要求做了详细介绍。

1. 早会

每日供电服务指挥中心召开早会，领导、专责、班组长参加。对前一日重要工作进行汇报、对当日重要工作进行沟通。

2. 周例会

每周一上午召开供电服务指挥中心周工作例会，领导、专责、班组长参加。对前一周重要工作进行汇报、对当前周重要工作进行沟通。领导布置当前周工作要求。

3. 定期会议

内部会议，定期开展中心月度例会和班务会，对近期工作完成情况进行总结，对下一阶段的工作进行部署和要求。外部会议，对供电服务指挥业务执行情况和指标完成情况进行周、月、年分析，形成周报、月报、年报，并定期开展通报。国网成都供电公司供电服务指挥中心周报、月报示例如图8-2所示。

4. 安全工作和优质服务分析会

供电服务指挥中心作为安全生产和优质服务两大工作任务的交集，应每月举行安全工作分析会和优质服务分析会。安全工作分析会侧重对配网故障抢修工作中数据、安全隐患、存在的问题进行分析，旨在提升全员安全生产意识，保障安全工作。优质服务分析会侧重对客户服务工作中的数据、服务隐患、存在的问题进行分析，旨在提升全员优质服务意识。两项分析会将不定期邀请职能部门及基层单位共同参与，分析会结论数据将作为公司安全生产和优质服务的重要数据进行上报、存档。

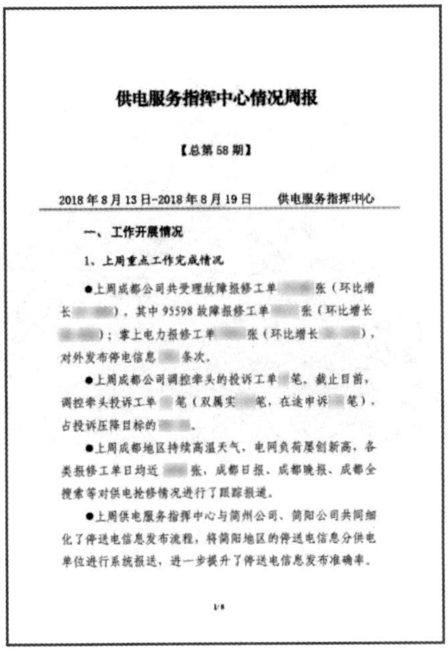

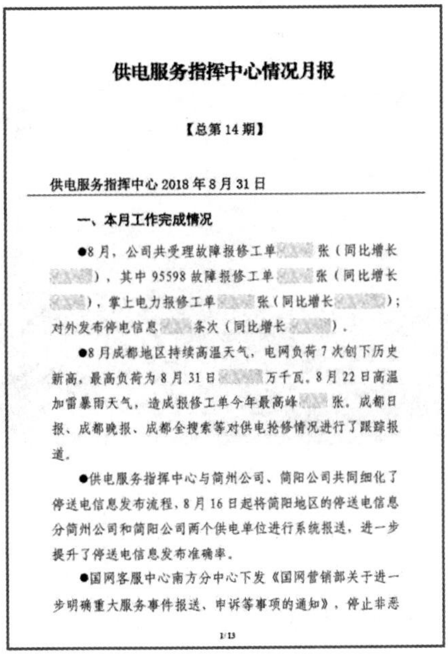

(a)   (b)

图8-2 成都公司周报、月报范例
(a) 周报；(b) 月报

第五节 培 训 管 理

> 【小节描述】
> 本小节重点对培训工作和培训管理的相关要求做了详细介绍。

1. 岗前培训

使新进员工或转岗员工了解本中心各项规章制度，更快胜任未来工作，开展新的职业生涯。岗前培训包括：中心机构设置、规章制度及相关岗位职责、专业基础知识、主要业务流程、服务技能及绩效管理内容、并在岗前培训结束后进行综合测试，测试合格方可上岗。

2. 在岗培训

坚持"安全第一，预防为主，综合治理"的方针以及以客户为导向，针对安全事件、供电服务事件应及时做好相关的培训工作。同时开展自主学习，让值班人员自己做培训师，对学习内容更加深入了解。

相关培训如图 8-3 所示。

图 8-3 相关培训照片
(a) 抢修业务培训；(b) 指挥人员培训

3. 职业生涯规划

根据人才发展目标，制定在岗员工职业晋升计划，人员自身找"短板"，针对薄弱环节提前学习，同时年度培训计划从中选择自身薄弱项目优先培训。

第六节 创 新 管 理

> 【小节描述】
> 本小节重点对项目管理和创新管理的相关内容做了详细介绍。

1. 科研项目

积极参加公司各种科技创新项目，如 QC、青创赛等，调用全员参与，善于发现和改善工作中存在的问题。国网成都供电公司 QC 成果报告——缩短故障报修工单派单时间如图 8-4 所示。

2. 知识竞赛

举办和参与各项知识竞赛，以竞赛为手段，提升员工多专业多岗位的综合技术技能水平。国网成都供电公司 2018 年供电服务指挥业务知识竞赛如图 8-5 所示。

图 8-4　国网成都供电公司 QC 成果报告　　图 8-5　国网成都供电公司 2018 年供电服务指挥业务知识竞赛

第七节 党、团支部管理

> 【小节描述】
> 本小节重点对党、团支部建设的相关要求做了详细介绍。

一、党支部管理

（1）组织生活会。每年一次，一般安排在四季度。

（2）民主生活制度。每年一次，一般安排在四季度。

（3）支部党员大会。由支部书记主持，每季度召开一次。

（4）党课。每季度开展一次，党支部书记每年至少讲一次党课。

（5）党员学习。党、团支部每月组织召开党员学习讨论，所有党员按要求对学习内容进行记录、消化。

（6）支部委员会。由支部书记主持，每月召开一次。

（7）党小组会，每月召开一次。

（8）主题党日制度。每月相对固定一次，可与"三会一课"相结合，每次确定不同主题。

（9）内容要求：（可适用于党总支部和党支部）基层党委讨论和决定本单位下列重大问题：

1）学习贯彻党中央和上级党组织的有关决定、指示和工作部署。

2）需要向上级党组织请示、报告的重要事项，下级党组织请示、报告的重要事项。

3）领导人员队伍建设和人事任免事项。

4）本单位内部机构职责、人员编制、薪酬分配、业绩考核等事项。

5）基层党组织和党员队伍建设方面的重要事项。

6）意识形态工作、思想政治工作和精神文明建设方面的重要事项。

7）党风廉政建设和反腐败工作方面的重要事项。

8）宣传文化工作、群团工作、统战工作等方面的重要事项。

9）本单位重要管理制度或文件。

10）本单位全局性或有重大影响的重点工作。

11）其他应当由党委讨论和决定的重大事项。

（10）党支部生活。党、团支部定期举行党、团支部生活，丰富党员、团员的业务生活，从有利于群众工作、组织素质的角度出发，提升供电服务指挥中心党、团综合素质。

二、团支部管理

（1）团课。团课可由本单位团委、各支部党团干部主讲、也可请先进人物主讲。每季度召开一次。

（2）支部团员大会。由支部书记主持，每季度召开一次。

（3）支部委员会。由支部书记主持，每月召开一次。

（4）团小组会。每月召开一次。

（5）团员学习。团支部每月组织召开团员学习讨论，所有团员按要求对学习内容进行记录、消化。

第八节　迎接调研检查工作

> 【小节描述】
> 本小节重点对迎接调研、检查的相关要求做了详细介绍。

（1）供电服务指挥大厅作为对外参观展示窗口，对 PPT 的制作和介绍人员礼仪培训。成都公司供电服务指挥中心接待如图 8-6 所示，工作汇报 PPT 如图 8-7 所示。

(a)　　　　　　　　　　　　(b)

图 8-6　领导调研成都供电服务指挥中心

(a) 2017 年 11 月 24 日国网副总张智刚一行；(b) 2018 年 9 月 6 日国网设备管理部主任周安春一行

图 8-7　成都公司供电服务指挥中心 PPT

（2）迎检小组。供电服务指挥中心设置迎检小组，将 PPT 制作人员、迎检解说人员、现场安排人员纳入迎检小组。根据迎检工作的时间和要求再从迎检小组中抽取适合的人员成立临时迎检小组重点负责当次迎检工作。原则上不影响正常工作和倒班人员休息安排。

（3）迎检要求。由迎检负责人对接调研迎检具体要求，迎检解说人员着正装，值班人员着统一工作服或白色衬衣加深色下装，涉及党组织迎检工作所有党员佩戴党徽。

第九节 大 厅 建 设

> 【小节描述】
> 本小节对供电服务指挥大厅的场所设置、大屏选择、电源、消防和二次系统进行了介绍，并罗列了建设清单供相关兄弟单位参考。

一、场所设置

1. 位置和席位

供电服务指挥中心与地调办公地点尽量靠近设置，确保信息互通。

供电服务指挥大厅根据人员、业务量和应急要求，布置席位，每个席位可安装显示屏（不小于22寸）4个，可配置键盘、鼠标2套，配置录音电话，用于日常工作联系录音使用，以及音响系统。配置KVM系统，将工作站信号延伸到调度台，工作站之间分别用键盘热键进行键盘和鼠标的切换。

2. 场所

供电服务指挥中心场所需满足以下条件：总面积≥340m^2，且大厅层高≥3.5m。其中包含占地240m^2，层高净空3.5m的指挥大厅1间，30m^2男、女休息室各1间，40m^2办公室1间，40m^2会议室1间（可选配），具体见表8-1。检修设备间应包括设备机柜、配电列头柜、七氟丙烷灭火柜、精密空调等。

表8-1　　　　　　　　供电服务指挥场所布置

序号	场所	是否配置	说明	用途
1	大厅	必须配置	总面积≥240m^2，且大厅层高≥3.5m。大屏幕、值班席位、电脑、资料柜、打印机	用于值班人员值班使用
2	检修设备间	必须配置	设备机柜、配电列头柜、七氟丙烷灭火柜、精密空调等	用于大屏检修和堆放机柜

续表

序号	场所	是否配置	说　明	用　途
3	办公室	必须配置	40m² 办公室、桌椅、茶几、沙发	用于领导和专责办公以及会客使用
4	男女值班休息室	必须配置	30m² 男、女休息室各一间高低床	用于值班员工作间隙休息使用
5	更衣室	必须配置	衣帽柜	用于值班员工作服更换使用
6	会议室	必须配置	会议桌椅、饮水机、投影仪	用于会议使用
7	学习室	根据需要配置	学习桌椅、书架	用于值班人员业务时间学习使用
8	茶水间	可单独配置或与休息室公用	饮水机、茶杯放置架	用于值班员日常饮水

3. 装修要求

(1) 顶部装修建议。

1) 顶部宜采用石膏板造型吊顶。供电服务指挥大厅顶面区域可采用软幕天花造型，大屏检修间可采用 600mm×600mm 矿棉板吊顶。

2) 顶部乳胶漆颜色应尽量选用浅灰色，突出发光膜造型部分。

3) 造型顶边框可采用 LED 射灯补充光源照射。

4) 顶部少部分灯具应由 UPS 供电，作为应急照明。单独布线并由单独开关控制。

(2) 地面装修建议。地面需作防尘处理，并按要求布置接地，加装不锈钢踢脚线，地面采用 500mm×500mm 网络静电地板底层，厚约 20cm（含支架及地板高度），地板下安装线槽，方便强弱电走线。地面铺设浅灰色拼装地毯（颜色可根据实际选择调整）。

(3) 墙面装修建议。

1) 墙面采用木工板基层，浅灰（颜色可调）铝饰板贴面。

2) 窗户区域采用布艺遮光双层窗帘。

3) 大屏检修间采用隐形实木门，与墙面保持统一花色。

4) 内墙面装饰采用乳胶漆。房间内隔断采用铝合金隔断墙。

5) 供电服务指挥大厅采用滑动玻璃门，配套安装门禁系统。

二、大屏幕

经实地勘察和市场调研，适用供电服务指挥大厅的主流大屏幕有两种：LED 屏幕、投影融合。两种主流大屏幕对比见表 8-2。

表 8-2　　　　　　　　　　　　LED 屏幕与投影融合对比

序号	项　目	高清小间距 LED	投影融合
1	亮度	低亮高灰	略低
2	对比度	高	一般
3	反应速度	很快	一般
4	色彩范围	高色域	视光源而定
5	色彩分辨率	高	低
6	刷新频率	很高	高
7	光学污染与视觉舒适性	舒适	舒适
8	可视角度	很大（可达 170 度）	很大
9	受环境光的影响	影响小	影响大
10	单元厚度	薄	超薄
11	老化色差	无色差	无色差
12	拼缝	无拼缝	无拼缝
13	后期维护	较低	很高
14	使用寿命	长	较短

LED 屏幕如图 8-8 所示，其特点是无缝拼接、显示效果随点阵间距变化而变化。目前 2.5mm 间距以下的 LED 屏能满足调度需求，维护成本低，对环境要求低，但初期投资较大。随着小间距 LED 技术的突破，目前在各级应急指挥、调度监控的应用逐步增多，动态展示的效果比较好。

图 8-8　LED 屏幕

投影融合如图 8-9 所示，其边缘融合技术总体投资小，无拼缝，但分辨率较低，受环境光影响较大，投影灯光寿命短，定期需更换，后期维护成本高。

图 8-9 投影拼接（正投）

三、电源

供电服务指挥大厅应配置 UPS 与市电两类电源，其中 UPS 共两台，各输出一路不间断电源。根据配调及配抢运行业务支持系统与配套设施的固定需求，结合所需设备不间断电源要求等级，考虑将两回路 UPS 电源连接为并列运行，满足支持系统对电源可靠等级的需求，其余设备根据额定功率再进行供电电源划分。

四、消防

在大屏检修间内新增七氟丙烷气体消防系统，对大屏间设备进行保护。消防告警主机通过 RS485 线与大楼消防主机进行告警互联，并在消防主机上实现图形化显示。

五、二次系统

供电服务指挥大厅电力二次系统的安全防护策略采用"安全分区、网络专用、横向隔离、纵向认证"，见表 8-3。

表 8-3　　　　供电服务指挥大厅电力二次系统分区系统详情

序号	分区	是否必须具备	系统	用途
1	Ⅰ区	必须具备	调度控制系统（open3000 或 D5000），配电自动化系统（open3200 或 D5200）	用于开展调度运行控制工作
2	Ⅱ区	可具备	电能量计量系统、保护信息系统	用于供电服务指挥辅助决策分析

续表

序号	分区	是否必须具备	系统	用途
3	Ⅲ区	可具备	调度系统采集服务器	用于指挥系统从调度系统采集数据，作为研判使用
4	Ⅳ区	必须具备	办公自动化系统（包括 OMS、PMS、智能化供电服务指挥系统、SG186 系统）	用于计划检修流程管控、故障抢修指挥、停送电信息发布、配网运营管控等工作

供电服务指挥场所建设清单见表 8-4。

表 8-4　　　　　　　　　　供电服务指挥场所建设清单

序号	项目名称		说明
1	基础装修		顶面、墙面、地面、自动感应门（含门禁）、灯具、开关、插座等
2	弱电方面		弱电线槽、光缆、网线、电话线、配线架
3	强电方面		安装强电线槽、UPS 电缆、市电电缆、配电柜等
4	大厅消防		感烟感温探测器，并接入大楼消防报警主机
5	大厅中央空调		风管出口装修风格应与天棚吊顶一致，保证风口分量均匀，风口无明显噪声
6	大屏	LED+精密空调	大屏总面积 7.68m×2.56m 为点阵最佳效果；屏幕分辨率 3072×1024；定制黑体表贴 LED 灯；像素间距 2.5mm
		高清投影	整屏显示面积：8×1.87m，3 台高清激光工程投影机，5000 流明，分辨率 1920×1080；金属硬屏；拼接处理器；硬件式融合处理器
7	交换机		含光模块
8	KVM		KVM 系统将工作站信号延伸到调度台，工作站之间分别用键盘热键进行键盘和鼠标的切换
9	大屏检修间气体消防		在大屏检修间内新增七氟丙烷气体消防系统 1 套，对大屏间设备进行保护
10	音响系统		配置吸顶喇叭和壁挂音箱，功放、无线咪等音响设备
11	设备机柜（含配电柜）		配电柜、服务器机柜
12	值班大厅	工作台	用于日常工作使用，可散热、线路易归结、附常用资料柜、架，桌面电脑支架可以实现竖立放置显示器，参考调度工作台
13		抢修平台系统电脑	用于抢修平台及 GIS 系统的使用
14		open3200 系统电脑	用于 open3200 系统的使用
15		外网电脑	用于手机派单和市政工单管理使用
16		平板电脑	用于工单下派使用
17		录音电话	用于日常工作联系录音使用
18		办公椅	用于日常工作，可放倒临时休息
19		投影仪	位于值班大厅前方，用于运行数据展示、迎检接待
20		音响（大）	位于投影仪屏幕两侧，用于讲解扩音

续表

序号	项目名称		说　明
21	值班大厅	电脑音响（小）	用于值班员听取录音、工单提醒和停电信息告警使用
22		无线耳麦	用于讲解扩音
23		打印机	每排一台，用于文件、值班记录打印
24		传真机	用于文件传真
25		资料柜	位于值班大厅最后一排，用于运行资料、班组资料存放
26	休息室、茶水间	衣帽柜	具备收纳床褥、衣帽、鞋子的功能，参照调度值班员衣帽间
27		衣帽间	用于放置衣帽柜、生活必须用品、洗漱用品等
28		男女各一间	用于值班员工作间隙休息使用
29		床上用品、洗漱用品	床单、被单、棉被、枕头、洗漱包
30		高低床	单人床含床垫
31		饮水机	用于日常饮水
32		茶杯放置架	用于放置水杯、茶叶
33	会议室	会议桌椅	用于会议使用

参 考 文 献

[1] 国家电网公司营销部（农电工作部）. 国家电网公司 95598 客户服务业务管理办法［M］. 北京：中国电力出版社，2016.

[2] 国家电力调度控制中心. 配电网调控人员培训手册［M］. 北京：中国电力出版社，2016.

[3] 国家电网公司人力资源部. 95598 客户服务［M］. 北京：中国电力出版社，2012.

[4] Jorg Becker，Martin Kugeler，Michael Rosomann 著. 刘祥艳，薄玉秋译. 业务流程管理［M］. 北京：清华大学出版社，2004.

[5] 杨建华，贺鸿著. 电网企业应急管理［M］. 北京：中国电力出版社，2012.

[6] 刘振亚. 营销业务应用篇：营销业务模型设计［M］. 北京：中国电力出版社，2008.

[7] 程利军. 智能配电网［M］. 北京：中国水利水电出版社，2013.